SABER AMAR

Luiz Alberto Py

SABER AMAR

*Gerenciando os sentimentos
com inteligência*

Copyright © 2006 by Luiz Alberto Py

Direitos desta edição reservados à
EDITORA ROCCO LTDA.
Avenida Presidente Wilson, 231 – 8º andar
20030-021 – Rio de Janeiro – RJ
Tel.: (21) 3525-2000 – Fax: (21) 3525-2001
rocco@rocco.com.br
www.rocco.com.br

Printed in Brazil/Impresso no Brasil

preparação de originais
FELIPE ANTUNES DE OLIVEIRA

CIP-Brasil. Catalogação-na-fonte.
Sindicato Nacional dos Editores de Livros, RJ.

P996s	Py, Luiz Alberto, 1939–
	Saber amar: gerenciando os sentimentos com inteligência / Luiz Alberto Py. – Rio de Janeiro: Rocco, 2006.
	ISBN 85-325-2016-2
	1. Amor – Citações, máximas etc. 2. Emoções – Citações, máximas etc. 3. Amor – Aspectos psicológicos. 4. Emoções – Aspectos psicológicos. 5. Relação homem-mulher. I. Título
06-0084	CDD – 152.41 CDU – 159.942

Este livro é dedicado, com gratidão, às parceiras que, com seu amor, me tornaram melhor e me ensinaram a amar. Trago cada uma de vocês no coração: Dalva, Márcia, Miriam, Bia e Ciça.

E a você, Vivian, que hoje ilumina a minha vida.

Agradecimentos

Sentir gratidão traz alegria à vida.

    Vivian Andrade, com sua amorosa presença e constante carinho e apoio me estimulou a seguir adiante nos momentos mais difíceis. Ela representa as muitas pessoas que ajudaram a tornar este livro possível.

    Quero registrar a imensa alegria que todos trouxeram à minha vida.

L.A.P.

Sumário

INTRODUÇÃO – Gerenciando os sentimentos com inteligência 11

CAPÍTULO 1 - Auto-estima, o fundamento do amor 15
A importância da auto-estima / Aprendendo a ter uma auto-estima elevada / Protegendo a auto-estima / Auto-estima e tolerância / Auto-estima não é egoísmo / Lembre-se / Tire suas dúvidas

CAPÍTULO 2 – Vencendo as dificuldades 29
De onde vêm as dificuldades? / O que é o amor? / Sem medo de errar / O amor vale a pena / Lutando pelo amor / Quando os pais são um problema / Amor e maturidade / Carência / A interferência da religião / Superando a timidez / Revele os sentimentos! / Controlando o ciúme / Ciúme crônico/ Lembre-se / Tire suas dúvidas

CAPÍTULO 3 – Namoro e sedução 55
A arte da sedução / Don Juan e o mito da sedução / As armadilhas da sedução / Aprendendo a amar / "Quando o discípulo está pronto, o mestre aparece" / O beijo / Encontrando a pessoa certa / Amor e paixão / O verdadeiro amor / Respeitando as diferenças / Lembre-se / Tire suas dúvidas

CAPÍTULO 4 – Sexo 77
A importância do sexo / Fazer amor / Masturbação / Menopausa / Sexo sem medo nem inibição / Sadismo e masoquismo / Lembre-se / Tire suas dúvidas

CAPÍTULO 5 – Casamento 91
Compartilhe os sonhos / Quando casar, não esqueça de namorar / Protegendo o casamento / Filhos: ter ou não ter / Os filhos do outro / Mãe solteira / Casamento aberto / Não seja uma vítima! / Lembre-se / Tire suas dúvidas

CAPÍTULO 6 – Infidelidade 109
Entendendo a traição / Traição e ciúmes / Como reagir à traição? / Infidelidade e amor / Saber perdoar / Lembre-se / Tire suas dúvidas

CAPÍTULO 7 – Separação 123
Coragem para terminar / De quem é a culpa?/ Quanto tempo deve durar o casamento? / Tomando consciência do fim / A hora certa de separar / Separação e filhos / Concretizando a separação / Lembre-se / Tire suas dúvidas

EPÍLOGO – Dez conselhos para mudar sua vida 141
Unindo a teoria à prática

INTRODUÇÃO

Gerenciando os sentimentos
com inteligência

Voltando para casa certo dia, percebi que o carro à minha frente estava em velocidade muito baixa. Passei para a pista da esquerda e o ultrapassei. O motorista do carro que vinha atrás buzinou e piscou o farol, mostrando-se aborrecido com minha manobra — creio que ele estava acelerando para me passar, e ficou frustrado ao ter de reduzir a velocidade. Logo adiante, o sinal fechou e notei que o tal carro ia parar exatamente ao meu lado. Enquanto freava pensei nas alternativas que tinha: ou evitava olhar para o lado ou encarava o vizinho e eventualmente fazia um gesto agressivo, podendo até mesmo dizer alguma grosseria. Como tive tempo para pensar, em vez de agir guiado pela irritação, optei pela alternativa de fazer um gesto amistoso, acompanhado de um sorriso e um pedido de desculpas pelo inconveniente. O motorista, de cara amarrada, se desarmou e respondeu com outro gesto amistoso e um sorriso. Seguimos em paz, mas fiquei com pena dele, pois sem necessidade ele havia posto em minhas mãos o poder de deixá-lo mal ou bem-humorado.

Conto esta pequena história para mostrar que as dificuldades nas relações humanas têm uma causa principal: as pessoas costumam lidar de forma muito irracional com seus sentimentos e também com os sentimentos alheios. O segredo da boa convivência consiste em procurar administrar racionalmente os próprios sentimentos e, da mesma forma, enfrentar as manifestações emocionais dos outros. Nas relações amorosas, sempre carregadas de muita emoção, as dificuldades redobram. É exatamente por isso que a intervenção da razão no amor é fundamental.

Neste livro, pretendo ajudar as pessoas a desenvolver a capacidade de gerenciar suas emoções. Não é um livro de mandamentos, mas de pensamentos. Mandamentos se obedecem ou se transgridem. Pensamentos convidam à reflexão.

Meu foco é o amor: suas manifestações e conseqüências, seus diversos aspectos, sua origem e até mesmo seu eventual fim. Mostro aqui os mais variados tipos de situações e comportamentos amorosos. Espero que essas situações e comportamentos possam servir de exemplo e de ponto de partida para uma reflexão lúcida sobre o que é o amor.

Baseado nas respostas que dei às questões levantadas pelos leitores das minhas colunas em diversos meios de comunicação, e em especial no jornal *O Dia*, elaborei conselhos e lembretes que aparecem no final de cada capítulo e que mostram, na prática, o que deve ser feito para superar os problemas amorosos.

CAPÍTULO 1

Auto-estima, o fundamento do amor

A IMPORTÂNCIA DA AUTO-ESTIMA

Ser feliz só é possível para quem tem uma elevada auto-estima. O elemento básico da felicidade é a auto-estima. Amar também. Quando você não se ama não consegue amar os outros, pois não é possível dar o que não se tem. Portanto, para você conseguir amar de forma intensa, para dar e receber amor com confiança, é preciso, primeiro, aperfeiçoar o amor-próprio.

E como se consegue isto? Auto-estima significa gostar de si mesmo. Em princípio, gostar de si mesmo parece óbvio. Observando os animais – cuja mente não é como a nossa – vemos, pelo seu comportamento, que eles têm uma sólida auto-estima. Eles simplesmente se gostam. Aparentemente os bichos são todos felizes. Quem tem um cachorro ou um gato em casa pode perceber isto. Eles têm os seus problemas, podem passar fome ou dificuldades de toda espécie e acabam morrendo, como todo ser vivo morre. Mas passam pela vida com evidente sentimento de felicidade e de amor por eles mesmos.

Uma vaca no campo, pastando grama em um dia de sol, se mostra bastante feliz em ser uma vaca, sem sequer saber o que significa ser o que é. Os animais têm sentimentos, alguns dolorosos, mas não parecem ver nada de errado em sua condição. Não demonstram qualquer sinal de insatisfação em relação ao que são, nem ansiedade, nem angústia, nem frustração. Eles são naturalmente felizes.

Diferente dos animais, as pessoas têm dificuldade em alcançar a felicidade. E essa diferença se origina na razão, pois o fato de termos uma mente racional é justamente o que nos diferencia dos outros animais. A razão nos proporciona a capacidade de antever o futuro. A grande distinção entre os seres humanos e os animais é justamente esta habilidade. Mas, ao pensarmos sobre o futuro, criamos um conflito interno entre nossos desejos imediatos e nossa vontade de planejar a vida. Portanto, já que a razão nos distancia da felicidade, nada mais natural do que cobrar dela que nos devolva a felicidade e também a auto-estima.

A grande transformação na vida do ser humano foi resultado do desenvolvimento da agricultura. Isto permitiu que os homens, antes nômades, pudessem se estabelecer em um lugar, esperando para colher o que tinha sido plantado. Assim surgiram os abrigos permanentes, as casas, as aldeias, cidades e países. Toda a civilização nasceu da agricultura, esse foi o início da cultura humana. Ou seja, tudo começou por causa da capacidade de antever o futuro, de prever que o grão, uma vez semeado, germinaria e garantiria a alimentação.

Contudo, tal capacidade acabou criando também o conflito interior, um problema que os animais não conhecem. Todo ser humano passa por constantes situações de conflito interior. Esse conflito se dá sempre entre o desejo imediato e o investimento no futuro. Por exemplo: a criança quer ficar jogando bola ou brincando de boneca, mas precisa ir ao colégio. Precisa plantar para colher mais tarde, semeando estudo, aprendizado etc. A criança desde cedo é confrontada com a percepção deste conflito. Para evitar confusão, utilizo a palavra desejo para o sentimento imediato e a palavra vontade para o querer que se refere ao futuro. Assim, pode-se dizer que todos nós vivemos um eterno conflito entre nossos desejos e nossas vontades.

APRENDENDO A TER
UMA AUTO-ESTIMA ELEVADA

Para entender melhor o problema da perda da auto-estima natural, é importante ter em mente o fato de que as crianças aprendem muito por imitação. Elas percebem como os outros se comportam e procuram se comportar da mesma forma, ou o mais parecido possível. Quando uma criança vive num ambiente no qual é estimada e valorizada, ela pensa: "se papai e mamãe gostam de mim, eu vou gostar de mim também." É uma reação instintiva, faz parte da natureza do aprendizado e coincide com a auto-estima natural.

Mas a grande maioria dos pais tem medo de que o filho saiba o quanto eles o amam. Simplesmente porque sabem que estão muito vulneráveis a este amor. Minha experiência de pai me mostrou que o amor que sinto pelos meus filhos é absoluto. Gosto deles apenas porque são meus filhos e os amo tanto quanto a mim mesmo, são partes de mim. Gosto incondicionalmente, ou seja, não estabeleço condições. Não é apenas quando tiram nota boa, quando são bonitos ou quando se comportam bem que gosto deles. Gosto deles sempre. Fico triste se eles não correspondem a alguma expectativa que tenho, mas sei que este aborrecimento não diminui o meu amor por eles. E tenho – como todos os pais e mães – medo de que eles saibam disso e que pensem: "se gostam de mim mesmo quando eu me comporto mal, mesmo quando eu tiro nota baixa, então eu posso fazer qualquer coisa."

Este tipo de medo leva os pais a esconderem dos filhos o quanto gostam deles. Em conseqüência, os pais começam a dizer aos filhos que não gostam deles quando se comportam mal, que só gostam deles quando tiram boas notas e são obedientes. A criança desenvolve, então, essa visão equivocada de que o amor é condicionado. Ela fica achando que para ser amada precisa ter um bom comportamento, fazer tudo direitinho, ser bonita etc. Sabemos, no entanto, que isso não é verdade, pois o verdadeiro amor não depende de nada, é espontâneo e incondicionado.

PROTEGENDO A AUTO-ESTIMA

Quando a criança acredita que o amor dos pais precisa ser conquistado com bons desempenhos, passa a copiar este modelo e começa também a dizer para si mesma: "bom, eu só posso gostar de mim se..." Muitas coisas podem ser colocadas depois desse "se..." como condições para o amor, por exemplo: "... se eu for uma pessoa bem-sucedida", ou "... se eu for uma pessoa bonita". O resultado disso é um prejuízo permanente para a auto-estima. Segue-se daí que quem recebeu uma educação assim terá dificuldades de desenvolver o amor por si mesmo.

Vemos constantemente jovens e adolescentes que não conseguiram sucesso em algum tipo de desafio ou de exigência que eles se fizeram ou que lhes foi feita – por exemplo passar no vestibular –, e em decorrência disto ficam arrasados, com a auto-estima baixa. O que se ganha com isso? O que os pais ganham quando acabam com a auto-estima dos filhos?

É muito importante que um filho saiba que é amado mesmo quando não passa no vestibular, mesmo se estiver namorando uma pessoa de quem os pais não gostam, mesmo se decidir seguir um rumo na vida desaprovado pelos pais. Uma coisa é ficar contente ou descontente com um comportamento, outra coisa completamente diferente é amar ou deixar de amar. É necessário distinguir com clareza o que é o amor por um filho e o que é satisfação por um comportamento dele.

Separando esses dois elementos, você conseguirá ensinar seu filho a separar a auto-estima do sucesso. A auto-estima não ficará mais dependendo do sucesso, da realização, da conquista ou de qualquer outra exigência. Quando a auto-estima se desvincula de qualquer coisa, o amor volta a ser incondicionado.

Recuperar a auto-estima é um processo de desmistificar os falsos valores que impõem o sucesso como condição para que uma pessoa goste de si mesma. É preciso atenção e paciência para, ao longo do tempo, recuperar a capacidade de amar a si mesmo independentemente de qualquer coisa.

AUTO-ESTIMA E TOLERÂNCIA

Observar a atividade das crianças pode ser muito instrutivo. Vendo uma criança pequena começando a andar, é fácil perceber que o aprendizado dela só se torna possível depois de muitas quedas, um tombo atrás do outro. É estimulante ver como a criança insiste e luta para, aos poucos, ganhar firmeza nas pernas e conquistar equilíbrio no corpo até dominar o processo e poder se deslocar com independência de um lugar para o outro. O processo de aprendizado das crianças mostra que é inevitável cometer erros para finalmente conseguir agir corretamente. Isso é verdade para tudo na vida. Errar é indispensável e suportar os erros uma atitude saudável, que ajuda o desenvolvimento.

Lamentavelmente, a educação tradicional que ainda vigora em boa parte das escolas de nosso país tende a tratar os erros de forma negativa. Erros costumam ser punidos, esforços malsucedidos tendem a ser desvalorizados e os alunos que não conseguem um bom desempenho em suas tentativas recebem imediatamente uma nota vermelha. O empenho e o esforço só são premiados quando levam ao sucesso. Como conseqüência desta atitude educacional, desde muito cedo somos levados a ter uma postura negativa em relação a erros cometidos, tanto por nós quanto pelos outros. Isto faz com que muitas pessoas fiquem paralisadas em seus processos de crescimento, com medo da rejeição que poderão sofrer caso cometam erros. Acabam preferindo não fazer nada e se tornam adeptos de um imobilismo que, se não impede, pelo menos dificulta bastante a evolução pessoal de cada um. Essas pessoas correm o risco de fazer parte do time que termina invicto o campeonato por não ter disputado uma única partida.

Para mudar esta situação, o melhor instrumento é a tolerância, ensinada pelo amor. Através dela aprende-se a lidar com os erros. Quando você tolera seus erros, reforça a auto-estima, e isso, por sua vez, contribui para aumentar sua tolerância, gerando um círculo virtuoso que melhora cada vez mais a relação de cada um consigo mesmo. Agindo dessa forma, você verá que é preciso aproveitar todas as oportunidades para tentar aprender algo novo, mesmo que isso leve ao erro. É muito importante insistir nas tentativas enquanto ainda houver possibilidade de acerto. Esta é uma das chaves da auto-estima, pois o amor-próprio se revigora nos momentos em que nos esforçamos buscando o aprendizado.

Vale a pena ressalvar que há uma crucial diferença entre a generosidade do perdão e a displicência vazia que tudo aceita sem nada questionar. É preciso distinguir o erro inútil, repetido e estagnado, do erro cometido em busca do acerto e do aprimoramento. Assim, quando por detrás do erro está o empenho e a procura, deve haver uma tolerância com suas conseqüências negativas, pois dele pode resultar o mais positivo de todos os frutos – a evolução, força propulsora do processo da vida.

AUTO-ESTIMA NÃO É EGOÍSMO

As pessoas confundem algumas atitudes egoístas com sinais de auto-estima, mas há uma diferença enorme entre uma coisa e outra. Geralmente, a pessoa egoísta se comporta assim exatamente por falta de auto-estima. Na maioria das vezes, o egoísmo é um pobre e insatisfatório substituto do verdadeiro sentimento de auto-estima. As pessoas com elevada auto-estima costumam ser generosas, solidárias e altruístas. Apresentam, portanto, um comportamento oposto ao de uma pessoa egoísta.

Por insegurança ou por ganância, os egoístas vivem tentando satisfazer apenas os seus desejos. Ansiosos, defendem seus interesses colocando-os à frente de qualquer outra coisa. Curiosamente, encontro com muita freqüência pessoas que acusam outras de serem egoístas.

Quem acusa os outros de egoísmo é, na maioria das vezes, apenas mais um egoísta que está irritado por não ver seus próprios interesses atendidos. Quando existe um conflito de desejos, o mais comum é que cada um lute pelo seu interesse particular. Justamente em momentos como esse é possível reconhecer pessoas generosas e altruístas, capazes de abrir mão de vantagens pessoais para beneficiar os outros. Estas pessoas geralmente são tranqüilas e felizes, desfrutam de uma boa auto-estima e podem, sem sofrimento, abrir mão de prazeres e satisfações para beneficiar um outro mais necessitado ou carente. É como alguém que, por ter o suficiente, pode se dar ao prazer de ajudar os outros. Quem tem uma auto-estima elevada possui uma riqueza interior que lhe permite ser naturalmente dadivoso.

LEMBRE-SE

✓ Amar só é possível para quem tem auto-estima elevada.

✓ O amor dos pais pelos filhos não depende de nada, é espontâneo e incondicionado.

✓ Recuperar a auto-estima é um processo de desmistificar os falsos valores que impõem o sucesso como condição para que uma pessoa goste de si mesma.

✓ Ame-se como você ama seus filhos.

✓ Quando por detrás do erro está o empenho e a procura, deve haver uma tolerância com suas conseqüências negativas.

✓ Quem tem uma auto-estima elevada possui uma riqueza interior que lhe permite ser naturalmente dadivoso.

TIRE SUAS DÚVIDAS

— O que é auto-estima, afinal? Gostar de mim como sou? Não seria melhor aceitar minhas dificuldades e procurar me aperfeiçoar?

Existe uma grande diferença entre ter auto-estima e não aceitar os seus próprios defeitos. Na verdade, o fato é que uma coisa não impede a outra. Muito pelo contrário. Quanto mais gostar de si mesmo, mais energia e empenho você terá para melhorar suas qualidades e superar seus defeitos. Sem auto-estima não há como andar para frente.

— Só me sinto bem quando consigo comprar as coisas que quero. Isso é incompatível com ter uma boa auto-estima?

É essencial perceber que ter uma boa vida não se resume a ter muitos bens. Sem dúvida, uma vida vivida com amor e com boas amizades é muito mais valiosa e feliz do que uma vida que prioriza a aquisição de posses que a qualquer momento podem ser perdidas ou se estragar. Mas, veja bem, as duas coisas não são incompatíveis. Você pode ter, ao mesmo tempo, bons amigos e bons aparelhos eletrodomésticos. O fundamental é perceber que os amigos e os amores são mais importantes que os bens materiais.

— Terminei um longo namoro e fico achando que ninguém mais vai gostar de mim. Como melhorar minha auto-estima se não acredito em mim mesma?

Você sofre por precisar de alguém que a ame de verdade para ter um bom exemplo a seguir. Quando alguém se sente amado, começa a se amar também, quando se sente rejeitado, passa a se achar incapaz de amar a si próprio. É por isso que a auto-estima deve ser independente do que nos acontece e da opinião das pessoas em volta de nós. Ela não pode ficar vinculada a realizações e sucessos, tem que ser uma atitude interna de carinho e amizade pelo ser humano que cada um de nós é. Olhe-se no espelho e diga para si mesma que você é uma pessoa digna de respeito e consideração. Todos somos. A auto-estima começa por aí.

– Não consigo dar seqüência aos meus estudos. Vivo em função de um amor e só consigo me sentir bem quando estou com meu namorado. O que faço?

Você está dando mais valor ao seu namorado do que aos seus estudos e à sua própria vida. Isto é evidentemente errado, pois em primeiro lugar temos o dever de dar atenção e amor a nós mesmos. Aliás, se você não se amar, como vai poder amar verdadeiramente outra pessoa? Que amor você terá para oferecer ao outro? O que se consegue nessas condições não é um amor autêntico. Repense sua relação e reavalie seu amor, dando prioridade às coisas de sua própria vida.

CAPÍTULO 2

Vencendo as dificuldades

DE ONDE VÊM AS DIFICULDADES?

São inúmeros os problemas a serem enfrentados para se começar ou se manter um relacionamento amoroso. As mulheres, por exemplo, costumam se queixar de que os homens só querem sexo. Os homens, por sua vez, reclamam de que as mulheres só querem casar. Os jovens têm dificuldades para saber se o que sentem é mesmo amor. O medo de arriscar e abrir o coração impede o início de muitos namoros. O ciúme acaba envenenando relacionamentos maravilhosos. Todos esses problemas existem e precisam ser enfrentados, mas antes é fundamental entender de onde vêm os desentendimentos entre homens e mulheres.

Na verdade, a aproximação entre homens e mulheres envolve uma dificuldade central: por serem muito diferentes um do outro, eles se temem e têm ímpetos de fugirem da convivência recíproca; por isto buscam pretextos e desculpas para se manterem distantes. Isto é muito freqüente entre os jovens, pois eles ainda não aprenderam que é possível e até bastante estimulante administrar essas diferenças.

Pode parecer que as diferenças entre os sexos não são tão importantes assim, mas o fato é que a própria expressão "sexos opostos" dá uma indicação clara de que há grandes desigualdades. A psicologia evolucionista, um novo ramo da ciência que estuda a relação entre os sentimentos humanos e a seleção natural, já provou que as características psicológicas – como a capacidade de amar e o interesse pelos filhos – são determinados geneticamente. Isso significa que ao longo do tempo homens e mulheres foram aprimorando qualidades diferentes de acordo com a necessidade de sobrevivência. Esse fato explica por que as reações instintivas são tão diferentes de um sexo para o outro, assim como a forma de sentir e de pensar. Observe com atenção o comportamento e as reações de amigos e amigas, e verá com nitidez as diferenças entre os sexos. Esse é o primeiro passo para entender os problemas e tensões que podem surgir entre homens e mulheres.

O QUE É O AMOR?

Muitos jovens têm dificuldade para definir o que é o amor. Por causa da falta de experiência, nem sempre fica claro se o que sentem pelo outro é de fato amor. Ninguém, no entanto, tem dúvida sobre a paixão, quem está ou já esteve apaixonado sabe perfeitamente do que se trata.

O amor é a paixão aprovada e administrada pela razão. No amor, razão e emoção se harmonizam. Quando você aprende a avaliar seus sentimentos e a prezar a pessoa por quem está apaixonado, a paixão cresce e o amor floresce. O amor dos jovens deve ser um amor baseado na troca, um amor que se constrói junto, ambos investindo e participando, dividindo as responsabilidades e as alegrias. Se não houver empenho do parceiro, é melhor cair fora. Não se constrói um amor sozinho.

Para amar, além de ter paixão, é necessário disciplina e auto-estima. Se você se gosta, vai usar a disciplina para trabalhar por seu bem-estar, por sua saúde e por sua felicidade. Desse modo, as dificuldades podem ser superadas e um amor saudável e verdadeiro surgirá.

Por outro lado, sem disciplina e auto-estima, as paixões serão sempre estéreis e equivocadas. Fique atento, uma paixão equivocada é uma ilusão. É preciso abandoná-la da mesma forma que se abandona um vício: com esforço e determinação. Você deve fazer, em primeiro lugar, bem a si mesmo, ainda que para isso tenha que acabar o relacionamento.

SEM MEDO DE ERRAR

Um dos maiores obstáculos a ser vencido é o medo de errar. Esse medo leva a uma paralisação que impede o desenvolvimento de uma relação amorosa sadia e feliz. Somente arriscando é que se pode acertar. Já diz a sabedoria popular: "quem não arrisca não petisca." Mire-se no exemplo dos cientistas, eles têm paciência para repetir incansavelmente suas experiências centenas de vezes até chegar à vitória final.

É claro que o amor não é exato como uma experiência científica. Você não precisa ter centenas de relacionamentos equivocados para encontrar o par certo. O que deve ser aprendido com o exemplo dos cientistas é a perseverança e a concentração. Só quem não se desestimula com eventuais fracassos é que pode conquistar o que almeja.

No mundo competitivo e insano de hoje em dia, as pessoas aprendem desde pequenas a agarrar com as duas mãos as poucas oportunidades que aparecem. Todos querem ser vencedores, a sociedade só aceita os que conquistam o sucesso. É por isso que vemos tantos executivos, empresários e políticos desesperados quando, de uma hora para outra, não têm mais poder nem prestígio. Eles não estavam preparados para perder.

Saber perder, essa é a sabedoria que precisa ser resgatada. Observe as gaivotas na praia. Elas voam despreocupadas sobre o mar, mergulhando diversas vezes até acertarem em cheio o alvo, capturando o peixe desejado. O amor também funciona assim. O primeiro passo é ter coragem para tentar várias vezes. Depois, é fundamental ter desapego e estar disposto a perder aquilo que foi conquistado. Você só pode ter o que suportar perder, esse é o único modo de ser verdadeiramente feliz.

O AMOR VALE A PENA

Sem dúvida, é possível viver sem amor. De fato, milhões de pessoas vivem desta forma. Mas uma vida solitária não chega aos pés de uma vida plena e feliz na companhia da pessoa amada. Parece incrível, mas muita gente decide fechar as portas do coração, apenas por causa de uma experiência amorosa fracassada. Nem sempre essa decisão é consciente, na maioria das vezes quem acha que prefere viver sozinho na verdade só precisa encontrar a pessoa certa para amar.

Quando se vive sozinho, dois fenômenos opostos costumam ocorrer: a apatia ou a hiperatividade. As pessoas que são afetadas pela apatia se tornam sem ânimo para trabalhar e conquistar coisas novas. Elas ficam assim pois sentem que não têm com quem compartilhar os resultados. Passam a ser lentas, acomodadas, pouco ambiciosas, sem vontade até para sair e se divertir. Para elas, parece que nenhum esforço vale a pena. Evidentemente isso gera um círculo vicioso, pois, se elas não fazem nada, suas chances de conhecer novas pessoas ficam bastante reduzidas e torna-se cada vez mais difícil encontrar o amor.

No pólo oposto estão os *workaholics* (viciados em trabalho), que vivem fazendo serão e pegando serviço extra para preencher o vazio do fim de semana. Para eles, a vida é uma competição sem fim, querem ser os melhores, os perfeitos, dedicando-se obsessivamente ao trabalho. Nesse caso, as coisas são piores, pois essas pessoas costumam ter um ar de superioridade desdenhosa, fruto do sentimento de fazerem mais dos que os outros. Não raro, os *workaholics*, além de afogar suas mágoas e frustrações no trabalho duro, tentam obrigar os outros a trabalhar tanto quanto eles. Portanto, acabam afastando rapidamente as pessoas próximas.

Se você se reconhece em alguma dessas duas descrições, reflita sobre quais são seus projetos de vida. Lembre-se de que sem amor a existência fica muito pobre e vazia, por mais sucesso que se tenha. Sempre vale a pena dedicar um pouco de nossas energias à procura de um parceiro que nos complemente dando mais colorido aos nossos sentimentos. Abra seu coração e olhe em volta, sempre haverá alguém procurando o amor.

LUTANDO PELO AMOR

Vale a pena lutar por um amor difícil ou aparentemente impossível? Infelizmente não existe uma resposta padrão para essa questão. É preciso pensar cuidadosamente caso a caso, levando em consideração o tamanho das dificuldades a serem enfrentadas.

Existem basicamente dois grandes tipos de obstáculo: os internos e os externos. No primeiro caso, estamos falando dos valores, das expectativas e dos desejos íntimos. É muito difícil abrir mão dessas coisas sem trair a si próprio. Quando o amor entra em conflito com esses obstáculos internos, o mais sensato é desistir da relação, mesmo que isso acarrete sofrimento. Com o passar do tempo, a dor se dilui e acaba. É possível, então, começar um novo relacionamento, com uma pessoa mais adequada do que aquela que ficou para trás.

Por outro lado, quando os obstáculos são externos – como, por exemplo, dinheiro, distância e rejeição por parte da família da outra pessoa – você pode enfrentá-los com mais facilidade. Nesse caso, construir um amor verdadeiro é uma questão de determinação. Mas, se o seu parceiro não estiver disposto a lutar pelo amor, é compreensível que você se desencoraje diante das dificuldades e ache mais simples procurar outra pessoa.

Alegrias e sofrimentos sempre existirão nos relacionamentos humanos. Erros e acertos também. Esta é a graça e a beleza da vida: sua imprevisibilidade. Por isso, as duas opções são válidas: você pode tanto obedecer seu coração e arriscar quanto parar de dar murro em ponta de faca e procurar outra pessoa. O fundamental é que haja amor e muita vontade de construir uma relação. Só vale a pena lutar por uma pessoa que esteja disposta a lutar junto com você.

QUANDO OS PAIS SÃO UM PROBLEMA

"Tenho 17 anos, meu pai não me deixa namorar, gostaria de me abrir com ele e dizer que estou amando. Será melhor namorar escondido?"

"Tenho 21 anos, estou namorando há um ano, mas minha mãe continua implicando com minha namorada, dizendo sempre que posso encontrar alguém melhor. Estou cansado dessa situação!"

Já ouvi muitas queixas como estas. Existem inúmeras meninas proibidas de namorar por seus pais possessivos ou inseguros. Diante da oposição paterna, elas começam a esconder seus encontros amorosos mentindo. Também é bastante comum a família opor-se ao namoro do filho porque muitas mães têm dificuldade de suportar a perda do domínio sobre o jovem. Para evitar que ele se case, inventam problemas inexistentes. Passam a criticar e hostilizar as namoradas dele, envolvendo toda a família nesse processo.

Costumo dizer que a verdade é tão importante e preciosa que não é qualquer um que merece conhecê-la. Mentir não é crime nem pecado. Não está incluído nos dez mandamentos nem nos sete pecados capitais. Quando os pais estabelecem proibições sem debater abertamente suas razões, estão sujeitos a serem enganados pelos filhos. Os pais precisam refletir seriamente sobre o que pretendem quando impedem os filhos de namorar. É bom lembrar que namoro é uma convivência experimental, serve justamente para duas pessoas se conhecerem, se avaliarem e aprenderem a se relacionar uma com a outra. Por isto é importante que elas possam viver esta experiência sem culpas ou empecilhos.

Esse problema surge pois muitos pais não estão preparados para enfrentar a realidade de que seus filhos cresceram e começam a ter idéias próprias que precisam ser ouvidas e discutidas. Não adianta nada usar o fato de ser o provedor doméstico para impor de modo ditatorial sua vontade. Este tipo de atitude costuma fazer com que os filhos se afastem à medida que se tornam independentes e passem a evitar contato com os pais daí em diante. É preciso cuidado porque os filhos podem até mesmo romper definitivamente com os pais controladores, o que é algo muito doloroso.

Basicamente, os pais criam e educam seus filhos por amor, mas esse amor não deve servir de pretexto para um excesso de vigilância. Quando as crianças são pequenas, precisam aprender a se disciplinar, e para isso a autoridade dos pais é necessária. Quando crescem, é fundamental que a relação se torne gradualmente mais democrática. Só assim haverá espaço para que os jovens assumam a responsabilidade por suas próprias decisões. Esta é a base para um sólido e carinhoso relacionamento entre pais e filhos.

AMOR E MATURIDADE

Pessoas maduras, por já terem vivenciado algumas desilusões amorosas, aprenderam a valorizar as maravilhas da paixão, sua raridade e preciosidade. Aprenderam também a aceitar melhor os inevitáveis contratempos amorosos. As dificuldades sexuais – a impotência masculina e a frigidez feminina – são geralmente administradas com naturalidade e sem grandes angústias. Questões de infidelidade podem ser enfrentadas com tranqüilidade e compreensão.

A vida amorosa sempre tem seus altos e baixos. Ser maduro é justamente saber aproveitar o lado positivo da relação sem se deixar abalar em demasia pelas dificuldades. É essa sabedoria que faz com que os mais velhos consigam viver o amor sem sobressaltos, colhendo os maravilhosos frutos da relação. Eles não têm o sentimento de urgência que marca os jovens, nem a insegurança que dificulta e em alguns casos até impossibilita o amor. Quem já viveu bastante teve oportunidade de aprender que dores e sofrimentos fazem parte de qualquer relação.

Costumo dizer que para viver um grande amor é melhor ter a calma e a paciência dos mais velhos do que a afobação dos jovens. As pessoas maduras aprimoraram a capacidade de escolher bem o parceiro. Elas sabem que não devem escolher aquele que mais entusiasma, e sim a pessoa que as torna melhores. Muito além de excitar e seduzir, o parceiro ideal é aquele que traz à tona o melhor de nós mesmos.

CARÊNCIA

A carência se caracteriza pela dificuldade em suportar a solidão. Ao mesmo tempo, o carente não consegue manter um relacionamento amoroso por mais de algumas semanas. As pessoas que sofrem de carência afetiva têm uma necessidade de serem amadas de forma tão intensa que estão sempre sentindo falta de amor. Por mais amoroso que o parceiro seja, ele nunca satisfaz completamente a demanda do carente.

Muitos problemas sérios, como a obesidade, por exemplo, têm estreita relação com a carência. Geralmente a pessoa come demais na tentativa de preencher um vazio emocional que jamais poderá ser preenchido com comida. Todas as compulsões são tentativas de saciar uma carência interna por meio de algo externo: jogo, bebida, drogas, sexo etc. Esses recursos podem até funcionar por um curto período de tempo, mas logo a pessoa precisa de mais e mais, terminando por estabelecer uma compulsão insaciável.

Da mesma forma, o carente afetivo busca na relação amorosa muito mais do que ela pode lhe propiciar, por isto nunca fica satisfeito. Por mais que namore e seja amado, esse amor não consegue atender sua necessidade, porque ela é anterior à vida amorosa adulta. A origem da carência afetiva encontra-se na insuficiência de amor original. Quando os pais não são capazes de amar seus filhos plenamente e educá-los de forma sensata, a criança não atinge o grau de auto-estima de que necessitará na vida adulta. Desse modo, já na adolescência, a pessoa carente mostra de modo muito nítido sua fragilidade emocional, sentindo grande dificuldade em desenvolver uma relação amorosa saudável. Ela não busca no parceiro um companheiro, mas alguém que sacie suas necessidades infantis subconscientes.

Para superar esta situação, é necessário desenvolver um longo trabalho de autoconhecimento. O primeiro passo é admitir a própria carência para, pouco a pouco, aprender a cuidar do lado infantil sem precisar da ajuda do parceiro. A carência pode ser superada, mas isso requer empenho e paciência. Nesse caso, uma terapia pode ajudar bastante.

A INTERFERÊNCIA DA RELIGIÃO

Cada vez mais pessoas me relatam problemas de incompatibilidade entre amor e religião. Geralmente estes problemas são causados por padres, pastores ou orientadores religiosos que condenam publicamente as relações amorosas, chamando-as de inadequadas ou "impuras". Este é um triste exemplo de intolerância, muito distante dos ensinamentos amorosos de Jesus Cristo, que pregava justamente a tolerância e a compreensão. Jesus nunca criticou o comportamento íntimo de ninguém, ao contrário, foi compreensivo e generoso com a pecadora Maria Madalena. A única atitude severa Dele narrada no *Novo Testamento* foi a expulsão dos vendilhões do templo. Jesus mostrou que o pecado que mais o ofendia não se relacionava com sexo, mas com falsos religiosos que transformavam a religião num negócio para ganhar dinheiro e poder.

É uma pena que algumas igrejas e seitas estimulem nos jovens um tipo de comportamento preconceituoso, interferindo diretamente na vida pessoal deles. Se for utilizada para o mal, por inescrupulosos e manipuladores, a religião pode virar um vício que consome a vida das pessoas e as afasta de tudo o que é bom e sadio. Para distinguir uma igreja séria de outra que estimula o fanatismo, basta observar se a atenção dos líderes religiosos está voltada para a alegria e felicidade das pessoas ou para o sexo e o dinheiro. Vale a pena lembrar também que uma boa igreja é tolerante com as diferentes crenças religiosas e não procura se impor como a única dona da verdade. Todos os caminhos conduzem a Deus, e Ele é bondoso e tolerante.

SUPERANDO A TIMIDEZ

A timidez é uma das dificuldades que mais perturba os jovens. Um grande número deles sofre deste fenômeno emocional, com dolorosas conseqüências para a vida amorosa. O caso mais intenso de timidez de que tive notícia foi o de uma jovem que não conseguia tocar o sinal para o ônibus parar. Ela sentia-se como se estivesse incomodando todos os passageiros ao obrigar o ônibus a parar só para ela. Por isso, tinha que esperar que alguém quisesse descer e só então podia saltar junto com a outra pessoa. Para uma pessoa tímida, os mínimos gestos são importantíssimos.

O primeiro passo para superar a timidez é tomar consciência de que ela não é uma doença, mas sim um sintoma. Sintoma é aquilo que permite que uma pessoa perceba que está doente. Por exemplo, febre é um sintoma que pode corresponder a centenas de tipos diferentes de doenças, desde uma gripe comum até graves infecções. Dor de cabeça também é um sintoma e não uma doença propriamente dita. Da mesma forma, a timidez consiste na manifestação de uma dificuldade emocional, mas não é a própria dificuldade em si.

O que está por detrás da timidez é o excesso de importância que o tímido se atribui: ele se sente o centro das atenções, quando na maioria das vezes ninguém está dando a mínima pelo que faz ou deixa de fazer. Felizmente, é possível combater com sucesso a timidez. Embora a índole tímida de uma pessoa dificilmente mude, os efeitos da timidez podem ser neutralizados com determinação e força de vontade. O tímido precisa descobrir que não é o centro do mundo e que os outros não estão prestando tanta atenção nele. Precisa também começar a confiar na generosidade das pessoas, que muitas vezes acolhem com carinho suas desajeitadas manifestações. Com isso em mente, o tímido começa a ter coragem de correr riscos. Depois de algum tempo, experiências positivas acontecem e a timidez acaba sendo superada.

Geralmente, a timidez está associada a problemas com a auto-estima. Sendo assim, é importante para o tímido se destacar em alguma área, para que possa ganhar confiança em si mesmo. Se você é tímido, estude muito, trabalhe com afinco e se esforce para fazer todas as suas atividades com perfeição. Ao perceber que é alvo de admiração e não de ódio, será mais fácil vencer a timidez. Por outro lado, é importante não se esquecer de que você não deve depender de ninguém para ser feliz.

Quem é tímido pelo fato de não se achar bonito deve lembrar que existem muitas coisas que as pessoas podem fazer para ficar atraentes. Vestir-se elegantemente, cuidar do corpo e da saúde, ter uma boa pele, ler bastante e desenvolver um gosto pelas artes e pela cultura. Tudo isso embeleza a pessoa e a torna sedutora. Além disso, a beleza é algo muito relativo e não pode ser avaliada objetivamente. O que um acha bonito, o outro talvez ache feio. Cultivar bons hábitos e ter um bom coração é muito mais importante do que seguir um determinado padrão de beleza.

REVELE OS SENTIMENTOS!

Nem sempre é fácil revelar os sentimentos para a pessoa amada. Mesmo quem é aparentemente desinibido pode demonstrar hesitação e embaraço no amor. Embora um certo receio seja muito normal, é necessário trabalhar para superar as dificuldades, pois, caso contrário, não há evolução. Com relação a esse ponto, só posso dar um conselho: é bobagem evitar um amor só por medo de levar um fora.

Se você tem dificuldades para abordar a pessoa que ama, não espere mais, deixe este livro de lado e ligue agora mesmo para ela. Ganhe coragem e chame-a para sair. Se não agir impulsivamente, você corre o risco de passar o resto da vida esperando o momento certo e talvez esse momento nunca chegue. É importante não se acovardar. Se der certo, ótimo, se não, é bom também. Você poderá dormir em paz, sabendo que fez o que estava ao seu alcance para conquistar o seu amor. Isto vale para tudo na vida: é importante arriscar, do contrário você carregará eternamente o arrependimento de não ter tentado. O compositor Chico Buarque, que tem fama de tímido, escreveu um sábio verso: "Aja duas vezes antes de pensar."

A situação pode ficar mais complicada quando a pessoa amada for um amigo. Nesse caso, o receio em se declarar se explicaria pelo medo de perder a amizade. É bom lembrar, no entanto, que uma verdadeira amizade não pode ser tão frágil a ponto de não resistir a uma declaração de amor.

Ao abrir seu coração, você precisa estar preparado para a possibilidade de não ser correspondido. Não há problema algum nisso, imagine que caos seria se fosse obrigado a namorar todas as pessoas que se interessam por você! Correr riscos e fracassar faz parte da vida, o importante é não se deixar abater por isso e partir para outra com a cabeça erguida e a consciência tranqüila.

CONTROLANDO O CIÚME

Um dos maiores desafios para a construção de uma relação amorosa saudável e madura é o ciúme. Não adianta negar, todos os seres humanos sentem ciúme, trata-se de uma emoção instintiva e natural, também comum nos animais. Aliás, esse sentimento destrutivo está presente em vários tipos de relacionamento, não apenas nos amorosos. Podem-se observar manifestações de ciúme entre professores e alunos, entre chefes e subalternos e entre pais e filhos, só para citar alguns exemplos.

Para começo de conversa, é bom deixar claro que o ciúme não provém do amor, mas da possessividade. Quando numa relação amorosa um dos parceiros sufoca o outro, isso significa que o amor não está predominando. No lugar dele estão o egoísmo, a vaidade e o individualismo. Quero frisar esse ponto pois a confusão entre possessividade e amor é muito comum. Tenho visto em adesivos colados em vidros de carros, a frase: "Não tenho tudo o que amo, mas amo tudo o que tenho." Quem acredita nessas palavras não aprendeu que amor é doação, respeito, admiração e liberdade.

Caso seu parceiro manifeste a necessidade de controlar você, isso é sinal de que chegou a hora de repensar a relação. O controle e as cobranças são opostos à confiança. Uma relação que evolui se caracteriza pela igualdade entre os parceiros e pela confiança. O amor só é possível onde existe respeito recíproco.

Vários namoros são sobrecarregados pelo ciúme desde o começo, principalmente entre os jovens. Isto se explica pela insegurança e pelo medo de perder o outro. Aparentemente, não faz sentido ter medo de perder alguém que pouco tempo antes não significava nada, mas para pessoas inseguras, de baixa auto-estima, conseguir um namorado é uma vitória e uma evidência do valor pessoal. Significa que a pessoa tem a capacidade de atrair um parceiro. Esta situação emocionalmente confortável é muito instável e só pode ser mantida se o parceiro não desistir da relação. É justamente essa insegurança que faz o ciúme brotar e crescer. O que o ciumento não vê, é que em sua ânsia de proteger a relação, acaba sufocando-a e matando-a logo no nascedouro. O ciúme, portanto, é simplesmente isso: baixa auto-estima e insegurança gerando uma perniciosa desconfiança.

Com isso em mente, fica claro que tentar controlar o outro é inútil. Por mais que o ciumento tente, nunca poderá saber tudo o que se passa com o parceiro. Proibir o namorado de sair com os amigos ou ir a uma festa não adianta nada, só desgasta o relacionamento. Evidentemente, o problema só pode ser resolvido melhorando a auto-estima. Por mais que você sinta ciúme, não extravase esse sentimento pois, ao invés de preservar, estará envenenando seu namoro. É extremamente desrespeitoso lançar sobre o parceiro a suspeita de que ele esteja lhe traindo. A mais importante prova de amor é, justamente, respeito e confiança. Quem respeita e confia não tem direito de duvidar do parceiro sem um motivo muito sério.

CIÚME CRÔNICO

Embora, como foi dito há algumas páginas, o ciúme seja um sentimento natural, há pessoas que o levam ao extremo. Neste caso, ele se torna uma doença e precisa ser combatido energicamente, do contrário será impossível desenvolver qualquer relação saudável com outras pessoas. O ciumento provavelmente precisará de ajuda para vencer o ciúme, assim como um viciado precisa de todo apoio disponível para largar a droga.

Existe quem tenha ciúmes até mesmo da mulher que permanece em casa, exclusivamente dedicada a cuidar dos filhos. Isto costuma acontecer freqüentemente com alcoólatras ou esquizofrênicos. Em alguns destes casos, a relação está a tal ponto destruída que a pessoa oprimida não consegue reagir às acusações absurdas feitas contra ela. Acusar alguém sem provas nem motivos constitui ofensa extremamente grave, que atinge a moral e a dignidade. A falta de reação pode estimular o agressor a manter seu comportamento doentio. Se você for vítima de um tratamento injusto, deve reagir imediatamente, do contrário estará agravando ainda mais a situação.

Basta abrir o jornal para ver que todos os dias ocorrem crimes passionais motivados pelo ciúme. Quando o descontrole causado pelo ciúme chega a levar uma pessoa a cometer crimes, estamos diante de uma situação em que o amor já desapareceu há muito tempo. Sobrou o egoísmo e a truculência. É a manifestação de uma personalidade desequilibrada, refém de um sentimento destrutivo.

O ciúme crônico geralmente é conseqüência de situações traumáticas, acontecidas na infância do indivíduo, que o tornaram excessivamente inseguro. É muito difícil tratá-lo, pois o ciumento raramente aceita que está doente. Apesar de tudo, um acompanhamento psicológico consistente e continuado, dirigido por um profissional competente, pode ajudar bastante o ciumento a lidar com os próprios impulsos.

LEMBRE-SE

✓ O amor é a paixão aprovada e administrada pela razão.

✓ Você só pode ter o que suportar perder, este é o único modo de ser verdadeiramente feliz.

✓ Uma vida solitária não chega aos pés de uma vida plena e feliz na companhia da pessoa amada.

✓ Só vale a pena lutar por uma pessoa que esteja disposta a lutar junto com você.

✓ Correr riscos e fracassar faz parte da vida, o importante é não se deixar abater por isto e partir para outra com a cabeça erguida e a consciência tranqüila.

✓ A carência pode ser superada, mas isto requer empenho e paciência.

✓ Ciúme não tem nada a ver com amor, mas com possessividade.

TIRE SUAS DÚVIDAS

— Não consigo entender minha namorada. Eu a amo, mas temos interesses tão diferentes! Fico com medo de que, com o tempo, isso acabe nos separando.

Em primeiro lugar, você precisa compreender que homens e mulheres são naturalmente diferentes. Além disso, a nossa sociedade acentua a divisão entre os sexos, educando de maneira bem diferente meninos e meninas. Isso não é necessariamente um problema. Na verdade, se for paciente e compreensivo, verá que as diferenças entre você e sua namorada oferecem uma excelente oportunidade de aprender coisas novas. Tente compartilhar seus interesses com ela e fique atento quando ela lhe mostrar algo novo. O mais importante é estar aberto a novas descobertas.

— Fico imaginando o namorado ideal e acabo vivendo num mundo de sonhos. O que posso fazer para me tornar uma pessoa mais objetiva?

Ter uma imaginação fértil é uma bênção e não um defeito. Em vez de se livrar dela, experimente utilizá-la de forma produtiva. Sua imaginação pode ser canalizada para um trabalho onde ela seja valiosa. Você pode desenvolver sua capacidade de escrever e tentar uma carreira nesta área. Ou trabalhar em publicidade, criando idéias para anúncios. O importante é se aprimorar, estudando e se exercitando. Se você estiver utilizando sua imaginação de forma criativa, conseguirá ao mesmo tempo evitar as idealizações e encontrar o parceiro certo. Lembre-se de que os sonhos podem ser o ponto de partida para muitas realizações na vida.

– Sinto forte atração por um amigo meu. Em certos momentos, até penso que sou correspondida. Devo arriscar uma amizade por uma paixão?

Perguntas como essa são freqüentes. A resposta imediata é um sonoro "sim". Pense bem, o que leva uma pessoa a ter medo de declarar seu amor? Se for receio de levar um fora, é melhor levá-lo de uma vez do que ficar todos os dias pensando na questão e esperando o melhor momento para revelar os sentimentos. Se o problema for o medo de perder uma amizade, por que querer continuar amiga de uma pessoa que se ofende com uma declaração de amor? Se a amizade for sincera, mesmo que ele não queira namorá-la, continuará sendo seu amigo.

– Minha filha tem 17 anos e já está namorando. O namorado dela até parece ser um bom rapaz, mas não acho que seja o momento de deixar minha menina livre. Ela ainda é muito imatura. O que eu faço?

Eu sei o quanto pode ser difícil para um pai ver a filha namorando. Mesmo assim, você deve lutar contra seu sentimento de possessividade paterna e deixá-la seguir seu caminho de maneira independente. Sem um crédito de confiança, ela jamais adquirirá a responsabilidade necessária para a vida adulta. A pior coisa que você pode fazer é proibi-la de namorar. Aproxime-se dela e do namorado promovendo atividades familiares, como almoços e viagens. Desse modo, você poderá acompanhar a relação de uma distância segura, sem sufocar sua filha.

– Às vezes eu acho que meu namorado não está tão interessado em manter o relacionamento quanto eu. Todos os problemas que temos são criados por ele. O que eu faço?

Você tem total responsabilidade na construção de um relacionamento. Não adianta ficar apontando os defeitos do seu namorado e fechar os

Vencendo as dificuldades

olhos para as próprias dificuldades. Só assumindo a responsabilidade pelos problemas no relacionamento é possível chegar a um acordo com o parceiro e superar as desavenças. Os casais felizes que vemos por aí são a prova de que é possível para um homem e uma mulher estabelecerem uma relação saudável e duradoura. Por outro lado, se o seu namorado está desinteressado pela relação, você deve refletir e tentar descobrir a razão pela qual você quer manter um relacionamento com ele.

– Minha namorada costuma falar de um modo diferente em relação a um determinado amigo. Ela já disse que me ama, mas eu não consigo confiar nela.

Na verdade, o problema não está no fato de que você não confia nela, e sim na sua dificuldade em confiar em si próprio. Parece que você não consegue acreditar que mereça o amor de sua namorada, por isto desconfia da relação dela com os amigos. Pense com cuidado nos motivos que o levam a ser tão inseguro, e trabalhe para fortalecer sua autoestima. Procure não importuná-la com seus ciúmes, esse é um problema que você tem que superar sozinho.

CAPÍTULO 3

Namoro e sedução

A ARTE DA SEDUÇÃO

Uma das coisas mais difíceis na vida amorosa é o período de sedução que antecede o início de um namoro. Isso se explica pelo fato de que a sedução é uma arte que poucos conhecem intuitivamente. A grande maioria das pessoas precisa aprendê-la lentamente, acumulando experiência ao longo dos anos.

A arte da sedução começa com a escolha do parceiro. Uma escolha inadequada certamente conduzirá ao fracasso. Não adianta nada tentar seduzir alguém que não tem a menor possibilidade de se interessar por você, como, por exemplo, alguém bem-casado, ou apaixonado por outra pessoa. É preciso que o alvo da sedução mostre algum interesse, dando um sinal de que está disponível para o jogo do amor. Caso contrário, você estará perdendo tempo e desperdiçando energias que poderiam ser mais bem aproveitadas em outras tentativas.

Depois que sinais recíprocos de interesse foram trocados, começa o processo de sedução propriamente dito. Cada um deve mostrar suas melhores qualidades, mas com discrição, pois esta também é uma qualidade importante. Ninguém gosta de uma pessoa que lhe faça a corte de forma espalhafatosa, indiscreta. Para os homens, essa parte da sedução é especialmente complicada, porque não é nada fácil encontrar o tom certo entre a manifestação excessiva de entusiasmo e a indiferença. Em outras palavras, o homem não pode ser nem intrometido nem tolo. Se arrisca demais, pode acabar se tornando inconveniente, se arrisca pouco, pode acabar sendo tachado de covarde. Uma maneira de superar esse problema é ser bastante franco e comunicar a dificuldade à parceira dizendo: "Não quero ser excessivamente delicado e parecer indiferente, nem demasiado insistente e me tornar importuno."

Às vezes, quando as mulheres não dão um sinal claro de interesse, parece que estão tentando se vingar do machismo que ainda tem grande força na nossa sociedade. É como se pensassem: "Muito bem, já que é você quem comanda, se agir rápido demais vai ser chamado de inconveniente e se não agir vai fazer papel de trouxa. Eu fico aqui, sem expressar meu desejo." Na verdade, a maioria das mulheres não demonstra interesse por timidez ou por medo de ser considerada oferecida.

Todas as dificuldades iniciais, no entanto, podem ser superadas quando houver sinceridade e clareza na manifestação do afeto. Se uma semente de amor for cultivada por ambos, um belo relacionamento inevitavelmente surgirá.

DON JUAN E O MITO DA SEDUÇÃO

O mito da sedução sempre mexeu com a fantasia de homens e mulheres. Quem não conhece o famosíssimo Don Juan? Este lendário personagem foi mencionado pela primeira vez na *Crônica de Sevilha*, e logo foi utilizado por Tirso de Molina (1571–1648) em sua peça *El Burlador de Sevilha*. Entre os muitos poetas e dramaturgos que escreveram sobre Don Juan, sobressaem-se Molière, Goldoni, Alexandre Dumas, Prosper Mérimée, Edmond Rostand, Lord Byron e Lorenzo da Ponte, que, com Mozart, criou uma ópera especificamente sobre esse personagem.

A quantidade de obras que falam de Don Juan evidencia a força do mito da sedução. Como todos os mitos, este também revela aspectos ocultos na natureza humana. A importância de Don Juan vem do fato de que, como herói sexual, ele corporifica uma virilidade profundamente valorizada pelo imaginário popular, aparecendo como um modelo para os homens e um objeto de desejo para as mulheres.

O desempenho sexual ocupa um lugar central na sociedade de hoje. O homem se sente cobrado a apresentar uma potência infalível em seus encontros amorosos, enquanto a mulher – principalmente depois da liberação sexual feminina – também se vê obrigada a ter uma atuação irresistível. Quando dois parceiros vão para cama pela primeira vez, pode surgir um clima tenso, ambos se sentindo observados, como se estivessem sendo testados. Nossa cultura valoriza o "bom de cama". Quem não se apresenta como um competente malabarista sexual corre o risco de ser rotulado de fracassado e perdedor.

Todavia, é bom lembrar que o mito do sedutor insaciável, sempre insatisfeito na busca por novas parceiras, pode e deve ser relativizado. Vários psicanalistas já interpretaram a figura de Don Juan como a de um exibicionista que procura negar, mediante sucessivas conquistas, suas tendências homossexuais reprimidas. Mesmo sem ir tão longe, vemos que os conquistadores costumam ser pessoas incapazes de amar verdadeiramente. Conseguem apenas imitar, fazer de conta que amam.

O fundamental é lembrar que o sexo não pode ter primazia sobre o amor. Só com um sentimento genuíno de amor é possível atingir a plenitude da relação entre homem e mulher. O exibicionismo egocêntrico e oco, tanto dos homens quanto das mulheres, precisa ser substituído por uma atitude amorosa de tolerância, carinho e compreensão.

AS ARMADILHAS DA SEDUÇÃO

Lembre-se de que a felicidade deve estar sempre ao alcance das suas mãos. Freqüentemente pessoas apaixonadas acabam se colocando numa situação de passividade e dependência. Se a paixão não for correspondida, a pessoa se torna imediatamente infeliz.

Antoine de Saint-Exupéry, famoso aviador e autor francês, escreveu na populariíssima fábula poética *O pe-*

queno príncipe uma frase que ficou célebre e tem sido repetida exaustivamente: "Tu te tornas para sempre responsável por quem tiveres cativado." Essa passagem é muito citada por quem quer ressaltar o vínculo de dependência amorosa que se estabelece entre aquele que seduz e quem é seduzido.

No livro, essa frase é dita ao pequeno príncipe por uma raposa. Ao encontrar o príncipe, a raposa recusa seu convite para brincar, dizendo que não está cativada. Ela explica que cativar significa criar laços, tornar-se especial um para o outro. A raposa se queixa da monotonia da vida, que poderia se tornar ensolarada caso o príncipe a cativasse. Diz-lhe para olhar os trigais e comenta que, como não come pão, os trigais para ela não significam nada e isto é triste. "Mas", diz ela, "tens os cabelos dourados. Será maravilhoso quando me tiveres cativado! O trigo, dourado, me fará lembrar de ti. E amarei o ruído do vento no trigo..." Então ela pede ao príncipe que faça o favor de cativá-la.

Esta citação, isolada de seu contexto, cria a idéia de que a responsabilidade num namoro é unilateral. Os que se autoqualificam seduzidos se colocam como vítimas e passam a considerar o outro como o único responsável por todos os problemas que podem ocorrer na relação. Se alguém vive o papel ativo de sedutor e aceita essa responsabilidade, passa automaticamente a sentir-se culpado caso o namoro não dê certo. Existe até quem chegue ao exagero de afirmar que foi seduzido sem que o outro sequer saiba o que está acontecendo. Isso ocorre geralmente entre pessoas imaturas, principalmente adolescentes.

Numa relação entre dois adultos, ambos são responsáveis por tudo o que acontece. Não deve existir seduzido e sedutor, já que os dois representam esses papéis simultaneamente. O poético texto de Saint-Exupéry deixa implícito que a raposa, ao se deixar cativar pelo príncipe, estaria cativando-o também. Amores unilaterais, nos quais apenas um dos dois ama, estão condenados ao fracasso e podem até acabar em tragédia. Uma relação amorosa madura se constrói aos poucos, com companheirismo e divisão de responsabilidades.

APRENDENDO A AMAR

O namoro é a fase inicial do relacionamento, um período de experiência no qual um casal começa a se conhecer. Insisto sempre em salientar que não existe a obrigação de dar certo, aliás, o mais provável é que não dê certo. Raramente o primeiro namoro evolui para casamento, mais raro ainda é esse eventual casamento vingar.

Muito embora a maioria dos namoros se desgaste e acabe, sempre vale a pena namorar. Além de ser bom, você aprende muito com cada relação e ganha experiência. No futuro, quando seu verdadeiro amor aparecer, a experiência acumulada em namoros anteriores será fundamental para que você seja capaz de reconhecer a importância desta pessoa na sua vida, começando, assim, um relacionamento sólido e duradouro.

Apesar de não haver nenhuma fórmula mágica, existem algumas dicas importantes para começar um namoro de forma positiva. A primeira coisa que você precisa ter em mente é que não há como amar sem desenvolver a auto-estima. Pense sempre nos interesses do seu parceiro e certifique-se de que ele pensa nos seus interesses. Amar consiste em fazer a pessoa amada feliz. É importante também não cultivar falsas expectativas, um namoro é apenas um namoro, portanto não deve ser sobrecarregado com cobranças excessivas.

Costumo dizer que o amor alimenta o amor. Quanto mais você se sente amado por uma pessoa, mais estimulado ficará em amá-la; quanto mais amar uma pessoa, mais ela se sentirá estimulada a te amar. Mas, tome cuidado, não se deve manifestar amor sem perceber uma receptividade e uma troca. O amor só alimenta o amor quando o sentimento for verdadeiro e recíproco. Amar sozinho, sem ser correspondido, é prejudicial a sua auto-estima. Para que uma relação possa realmente evoluir, é preciso que ambos se engajem, senão ela fica estagnada e acaba.

"QUANDO O DISCÍPULO ESTÁ PRONTO, O MESTRE APARECE"

Muitas pessoas sonham com um companheiro para compartilhar as alegrias e dividir as tristezas da vida. Não é nada fácil viver sozinho. Às vezes, depois de um longo período sem ninguém, a pessoa pode ficar angustiada, àchando que talvez exista algum motivo oculto que a esteja impedindo de finalmente encontrar o amor.

Se essa é sua situação, gostaria de dar duas idéias que ofereço sempre e que podem ajudar bastante a vencer a solidão. A primeira se resume em um antigo provérbio indiano que diz: "Quando o discípulo está pronto, o mestre aparece." O sentido desta frase é simples: você deve dedicar-se à preparação pessoal antes de sair à procura de um professor para resolver suas dificuldades. Trazendo este conselho para o campo amoroso, sugiro que você pare de ir atrás de um príncipe encantado e comece a se preparar para a eventualidade de uma relação amorosa surgir espontaneamente.

A segunda sugestão diz respeito à maneira mais efetiva de você se preparar para um relacionamento. Ao contrário do que muita gente pensa, não adianta nada cuidar apenas da aparência física. É claro que é bom estar em forma, mas isso está longe de ser o mais importante. O elemento verdadeiramente fundamental da preparação para o amor é desenvolver a auto-aceitação e a auto-estima.

Quem está bem consigo mesmo fica centrado, alegre e bem-disposto, irradiando energia para todos os cantos. Uma pessoa assim é naturalmente um pólo de atração. Você verá que, se estiver bem consigo mesmo, todos perceberão sua energia e se aproximarão de você. O amor atrai o amor. Parece óbvio mas não é, pois muita gente continua achando que tristeza, frustração, carência afetiva e fraqueza atraem o amor. Tais sentimentos atraem, na melhor das hipóteses, compaixão. Você não quer que os outros tenham pena de você, quer? Então, pare de ter pena de si mesmo e comece agora mesmo a desenvolver seu amor-próprio.

O BEIJO

Existem muitos tipos de beijo, das mais variadas formas e significados. Há o beijo formal, no rosto, que em nossa cultura tem o significado de um simples aperto de mão; há também o inocente beijo entre pais e filhos, isso sem falar nos beijos mortíferos, como o beijo de Judas em Cristo e o famoso beijo da Máfia, que, na verdade, é uma ameaça de morte. O beijo mais importante, porém, é o beijo apaixonado, boca a boca, trocado entre dois namorados. Isso sim é um beijo!

O beijo na boca é a manifestação inicial de amor e interesse sexual: a primeira grande, ousada e assumida forma de comunicar um sentimento íntimo, até então escondido pelo pudor. Ao tocar com a sua boca na boca da pessoa amada, você está assumindo abertamente seu desejo. Palavras podem até ser ditas com esse mesmo fim, mas jamais terão a força desse gesto.

Geralmente, no primeiro beijo, a iniciativa é responsabilidade do homem mas deve ser estimulada pela mulher. Como em todo movimento amoroso, a fêmea atrai e o macho toma a iniciativa. Porém, durante o beijo, surge uma grande possibilidade de troca de papéis. Isso significa que a mulher, ao corresponder o beijo, passa também a atuar ativamente, tornando impossível distinguir quem está beijando e quem está recebendo o beijo. Talvez seja por isso que o ato de beijar tenha um significado tão importante. Enquanto o sexo envolve órgãos diferentes, complementares, o beijo se realiza entre bocas iguais. Línguas semelhantes trocam momentos de atividade e passividade, onde não se distingue o homem da mulher, nem se diferencia a movimentação da boca masculina e da feminina. Trata-se de um momento do encontro homem-mulher, realizado por meio de uma identificação e não de uma complementação.

O verdadeiro beijo é uma manifestação de amor única e insubstituível. Beijar fortalece a união do casal e o torna cada vez mais apaixonado.

ENCONTRANDO A PESSOA CERTA

Muitas mulheres deixaram de acreditar no amor porque não conseguiram encontrar o príncipe encantado. Vários homens vivem amargurados porque não acharam a mulher perfeita. Essas tristes situações são fruto de um fenômeno muito comum: a idealização amorosa. Quando você cria, em sua mente, a figura de um parceiro ideal, corre o risco de fechar os olhos para a realidade e acaba não percebendo que bem ao seu lado poder estar o companheiro da sua vida.

Para não ser vítima da idealização, você precisa, em primeiro lugar, valorizar características realmente fundamentais. Qualidades morais como firmeza de caráter, inteligência e solidariedade são certamente muito mais importantes do que a aparência física. É necessário saber claramente o que se quer para não criar uma ilusão efêmera que em pouco tempo se desfaz. Antes de procurar um namorado com as características que você julga ideais, pare um minuto e se pergunte se essas características são realmente importantes. É muito triste lutar para conquistar alguma coisa, consegui-la, e só então perceber que não era nada daquilo que você queria.

Só há uma maneira de não se enganar: vá com calma, não adianta ter pressa em realizar o seu sonho. Saber escolher a pessoa certa é uma arte que precisa ser aprendida. Observe com cuidado seus pretendentes, tentando ler nas entrelinhas, ou seja, tentando ver aspectos da personalidade que não são imediatamente aparentes. Não se deixe levar pela primeira impressão e pela vontade de encontrar logo alguém. Procure uma pessoa com quem você possa interagir plenamente, e não uma que apenas ocupe um espaço vazio.

Por outro lado, lembre-se de que várias vezes vale a pena arriscar. Muitos namoros que se iniciam de forma despretensiosa, sem grandes expectativas, acabam evoluindo para um casamento feliz e duradouro. Posso afirmar baseado nas minhas próprias experiências que não existem almas gêmeas. O amor é algo que se renova e se aprimora dia a dia, nenhuma relação já começa pronta. Muito mais importante que achar a pessoa perfeita é procurar construir uma relação baseada no amor, na tolerância e no respeito mútuo.

AMOR E PAIXÃO

O amor sempre nasce da paixão. Isto, porém, não quer dizer que a transição da paixão ao amor seja fácil. Embora as pessoas freqüentemente confundam as duas coisas, tratam-se de sentimentos completamente diferentes. A paixão se caracteriza por uma intensa carga emocional, por sua natureza física, sexual, e pelo fato de ser temporária. Por isso mesmo, a paixão não é suficiente para preservar uma relação, pois com o tempo pode acabar se convertendo em outra emoção de sentido oposto: o ódio. O amor, ao contrário, tem natureza permanente e envolve crescimento espiritual e desenvolvimento pessoal. A paixão ocorre espontaneamente, enquanto o amor requer esforço, pois demanda tolerância, paciência e disciplina.

Há apenas um modo de fazer a relação evoluir da paixão ao amor: submetendo os sentimentos ao exame da razão. Só assim você poderá saber se a pessoa por quem está apaixonado merece a devoção e o empenho que caracterizam o verdadeiro amor. É necessário que essa pessoa retribua o seu amor e sua admiração. Este é o alicerce para a construção de uma relação sólida e estável.

A passagem do tempo corrói a paixão, mas tem efeito contrário sobre o amor, ajudando-o a se solidificar. Ao longo de um namoro, surgem inevitáveis desgastes e desafios. Ao vencer esses obstáculos, o amor se fortalece e, pouco a pouco, o casal vai ganhando confiança e intimidade. É justamente essa confiança mútua que dá força ao casal para que continue superando as dificuldades. Desse modo, o verdadeiro amor vai ficando cada vez mais forte.

É maravilhoso estar apaixonado, mas amar é ainda melhor. No amor, a razão e a emoção se unificam, gerando uma intensa sensação de plenitude e bem-estar. Se você quer preservar e proteger seu namoro, trabalhe para transformar a paixão inicial em um amor consciente e duradouro.

O VERDADEIRO AMOR

Há quem afirme que nunca encontrou o verdadeiro amor. Mas, me diga, como alguém que não sabe o que é o verdadeiro amor pode saber que nunca o encontrou? As pessoas criam fantasias a respeito de como seria um amor perfeito, e nada do que encontram satisfaz suas expectativas. Pensam, por exemplo, que o amor não pode conviver com momentos de desinteresse. A verdade, no entanto, é que não existe namoro sem problemas. Apesar das dificuldades, o verdadeiro amor é possível, desde que haja cumplicidade e vontade de superar os obstáculos.

Amar alguém não se resume a sentir desejo sexual. Quem ama de verdade quer fazer o companheiro se tornar melhor, se desenvolver e ser feliz. Para isso, é necessário começar devagar. Uma relação que se inicia de modo despretensioso e espontâneo tem muito mais chance de florescer do que uma que já começa sobrecarregada com cobranças e expectativas. Não adianta nada ter pressa, é preciso tempo para que as duas pessoas possam ir se conhecendo, aprendendo a se admirar, criando amizade e cumplicidade.

É preciso usar a razão para gerenciar os sentimentos e impedir que um amor que não esteja sendo muito bem correspondido se desenvolva dentro de você. Amar sem ser amado é uma triste cilada. Quando você coloca sua felicidade nas mãos dos outros, se torna incapaz de gerar a própria felicidade. Quem se queixa do amor provavelmente só o vivenciou pela metade, nunca experimentando a alegria do sentimento recíproco.

Embora seja impossível viver a relação perfeita, livre de problemas e tensões, o amor verdadeiro existe, basta que o casal se empenhe sinceramente em construí-lo. Como disse Byron: "Ao contrário do ouro e do barro / o verdadeiro amor, dividido, não diminui."

RESPEITANDO AS DIFERENÇAS

Um erro grave, mas muito comum no amor, é pensar que o casal deve constituir uma entidade única, andando sempre junto e fazendo sempre as mesmas coisas. O casal é, de fato, uma sociedade, no sentido de que é uma associação feita com um objetivo comum. Por outro lado, a união entre homem e mulher não deve anular a individualidade de cada um.

Muitos filmes, canções e livros românticos difundem a idéia de que quando duas pessoas se amam, devem viver sempre juntinhas. Isso é, elas têm que ficar grudadas a vida inteira e também o tempo todo. A realidade mostra, no entanto, que poucos casais suportam viver assim. Por mais que você pense o contrário ao fazer suas juras de amor, a verdade é que quase ninguém tem a capacidade de agüentar uma convivência ininterrupta anos a fio.

Uma boa idéia para arejar um pouco o relacionamento é procurar deixar o parceiro livre. Vários homens reclamam quando suas namoradas saem com as amigas e muitas mulheres odeiam que os namorados saiam com os amigos. Essas pessoas não percebem que, impedindo o outro de ficar um pouco sozinho, estão também desgastando o relacionamento. As experiências que cada um tem em separado enriquecem a vida em comum, contribuindo para renovar a relação e mantê-la sempre viva. O ideal é que cada um tenha sua vida individual, com seus próprios amigos e suas próprias atividades. Desse modo, o namoro se torna um terreno comum de entendimento e troca.

Algumas pessoas são tão inseguras que procuram manter o parceiro sempre à vista, só que essa atitude possessiva cria insatisfação. E, como todos sabemos, a insatisfação é o fermento do desentendimento e da separação. Se você é uma pessoa assim, lembre-se de que as diferenças não enfraquecem uma relação, e sim a reforçam. Amar alguém de verdade é amá-lo apesar de todas as diferenças. Quando você ama uma pessoa porque ela é igual a você, com o mesmo tipo de vida e os mesmos interesses, você, na realidade, está tendo uma atitude narcisista, como se amasse o espelho. O escritor francês Jacques Chardonne disse uma vez: "Existe um segredo para a convivência feliz com a pessoa amada: não pretenda modificá-la."

LEMBRE-SE

✓ Se uma semente de amor for cultivada a quatro mãos, um belo relacionamento inevitavelmente surgirá.

✓ Só com um sentimento genuíno de amor é possível atingir a plenitude da relação entre homem e mulher.

✓ Numa relação entre dois adultos, ambos são responsáveis por tudo o que acontece.

✓ Para que uma relação possa realmente evoluir é preciso que ambos se engajem.

✓ Se estiver bem consigo mesmo, todos perceberão sua energia e se aproximarão de você.

✓ O verdadeiro beijo é uma manifestação de amor única e insubstituível. Beijar fortalece a união do casal e o torna cada vez mais apaixonado.

✓ Há apenas um modo de fazer a relação evoluir da paixão ao amor: submetendo os sentimentos ao exame da razão.

✓ Amar uma pessoa de verdade é amá-la apesar de todas as diferenças e defeitos.

TIRE SUAS DÚVIDAS

— Estou apaixonado por uma moça que estuda comigo. Acho que ela é a pessoa certa para mim. O problema é que não sei como falar com ela. O que posso fazer?

Vá com calma, não adianta nada criar muitas expectativas. Você diz que ela é a pessoa certa para você, mas como pode saber disso se nem começou a namorá-la ainda? Você deve se perguntar primeiro se ela dá sinais de interesse por você. Se der, muito bom, se aproxime dela sem pressa mas de modo decidido. Converse sobre temas amenos, mostre aos poucos suas qualidades e observe as qualidades dela. Se for correspondido nessa fase, chame-a para sair e revele seus sentimentos por ela. Não fique muito chateado se não der certo, outras oportunidades aparecerão no futuro.

— Meu namorado parece descontente com a nossa relação. Ele vive falando em dar um tempo. Estou desesperada, eu não vou conseguir viver sem ele!

Não é nada bom depender de outra pessoa para ser feliz. Na verdade, você pode sim viver muito bem sem seu namorado, tanto que vivia antes de conhecê-lo. Quando o relacionamento chega a um grau tão alto de dependência como o seu chegou, a melhor coisa a fazer é acabar o namoro. Eu sei que será doloroso, mas você precisa tomar coragem e seguir adiante. Não vale a pena desperdiçar seu amor com uma pessoa que não te ama.

– Estou saindo com dois homens diferentes, os dois dizem que me amam e querem namorar comigo. Quero me decidir por um deles para começar uma relação mais séria, mas não consigo saber qual escolher. E agora?

É uma tarefa difícil escolher o parceiro certo. Nem sempre o melhor namorado é aquele que tem os mesmos interesses que você. Às vezes, alguém que tenha qualidades e gostos diferentes dos seus pode acrescentar muito mais a sua vida. Sinta no fundo do seu coração qual dos dois você prefere. Depois disso, use sua razão para descobrir qual dos dois gosta mais de você. Pese tudo isso na hora de tomar sua decisão, e saiba que a todo momento você poderá voltar atrás, o namoro não é um compromisso para a vida toda, é só um período de experimentação.

– Minha namorada é um grude. Ela me liga o tempo todo e faz drama quando eu saio com os meus amigos. O que posso fazer para que ela respeite um pouco minha individualidade?

Tenha uma conversa franca com ela e exponha com clareza sua necessidade de liberdade. Diga que a atitude dela, ao invés de fortalecer o namoro, está desgastando-o cada vez mais. Por outro lado, quando estiver com ela, procure não se preocupar com outras coisas nem ficar pensando no que poderia fazer caso estivesse sozinho. Acima de tudo, dê um bom exemplo, tratando-a com carinho mas respeitando o espaço dela.

– Depois de três anos de namoro, minha namorada me deixou e já está com outro cara. Ela dizia sempre que me amava! Depois disso, como acreditar que o verdadeiro amor existe?

Namoros são mesmo transitórios, não há por que ficar deprimido e pessimista com o fim de um namoro. Só porque essa moça não soube corresponder ao seu sentimento não quer dizer que você não encontrará alguém que corresponda. Não perca as esperanças. Mantenha a cabeça erguida, pois mais cedo ou mais tarde uma nova experiência amorosa surgirá e quem sabe dessa vez você encontre o verdadeiro amor. Como diz um verso de Paulinho da Viola: "o amor que morre é uma ilusão / e uma ilusão deve morrer."

– Não amo mais a minha namorada e ela ainda me ama. Quero terminar, mas fico com um sentimento de culpa pois ela investiu muito no nosso relacionamento.

Se você não tomar coragem e encerrar esta relação, pode acabar casando sem querer. Sua hesitação me dá a impressão de que, embora você não ame mais sua namorada, ainda se sente dependente dela. Pense nisso, porque ser dependente é uma má razão para continuar a relação. Não tem por que sentir-se culpado por causa do investimento que ela fez no namoro, este tipo de investimento é sempre um risco que os namorados aceitam correr. Lembre-se de que o namoro é apenas uma experiência, não existe compromisso algum de ficar junto para o resto da vida.

CAPÍTULO 4

Sexo

A IMPORTÂNCIA DO SEXO

O carinho físico é fundamental na preservação de uma relação. Depois de algum tempo, é comum o casal perder o entusiasmo que marca o início dos namoros. Desse modo, sem perceber a importância do contato corporal, homem e mulher vão se distanciando cada vez mais e fazendo cada vez menos sexo. A vida corrida de hoje em dia, o excesso de trabalho e a falta de tempo contribuem para que isto aconteça.

Depois de um longo período sem sexo, a timidez pode tomar conta do casal. Um parceiro fica, então, com vergonha de manifestar amor e desejo pelo outro. Quando um casal não se empenha em enriquecer cada vez mais seu relacionamento sexual e afetivo, facilmente cai em uma situação de estagnação e monotonia, na qual o sexo se torna rotineiro, previsível e sem sabor. Evidentemente, isto abre uma porta para o surgimento de novas paixões, deixando a relação muito vulnerável.

A única forma de reforçar a relação é reviver a paixão do início do namoro. A admiração e o interesse pelo parceiro são os elementos que dão força ao processo de reaproximação. Quando uma pessoa abre os olhos para as qualidades da outra, sente ressurgir facilmente dentro de si o amor e a ternura que sentia antigamente. Esses sentimentos geram uma atitude carinhosa, levando o outro a reagir da mesma maneira. Criar situações românticas, ir a lugares e fazer coisas que lembrem o começo da relação são artifícios que costumam dar resultado.

O mais importante é não fugir do problema, abrindo mão de uma vida sexualmente ativa. Converse sobre a questão com o seu parceiro, fale o que sente e ouça com atenção o que ele tem a dizer. Desde que haja interesse, empenho e boa vontade, o resultado será positivo. Não existe nada mais estimulante do que sentir uma paixão adormecida renascer das cinzas e pegar fogo novamente.

FAZER AMOR

Uma boa parcela das dificuldades nos casamentos, namoros e relacionamentos amorosos em geral decorre do fato de que muita gente chama a relação sexual de "fazer amor". Amor se faz com gestos de carinho, atitudes de apreço, atenção e dedicação. Sexo é sexo, uma atividade fundamental que não deveria ser mencionada com eufemismos ou subterfúgios, mas sim afirmada em toda sua importância.

As pessoas precisam parar de chamar a atividade sexual de "fazer amor" e passar a dar nome aos bois, ou seja, começar a usar palavras precisas para designar aquilo a que estão se referindo. Só assim se tornarão capazes de viver a sexualidade honestamente, como deve ser vivida. Precisão no uso das palavras é importante para evitar o auto-engano. Quando alguém escolhe palavras equívocas ou falsas para falar de sexo, está tentando controlar os próprios impulsos sexuais de forma racional, o que é um erro grave.

Sexo é emoção e instinto, pertence ao seu lado mais primitivo. Isto não quer dizer que você não deva aliar seus impulsos sexuais à sua afetividade. Ao contrário, o amor canaliza a emoção, harmonizando o lado intelectual da personalidade com os impulsos primitivos. Deixar o sexo e o amor fluírem juntos, sem medo, o ajudará a se tornar uma pessoa mais harmoniosa. Livre das repressões sociais e morais que negam a sexualidade, é possível vivenciar experiências indescritivelmente prazerosas.

MASTURBAÇÃO

Tenho observado que muitos adolescentes, tanto rapazes quanto moças, se preocupam de modo exagerado com o ato de se masturbar. Eles têm idéias preconcebidas sobre o assunto, e temem os supostos efeitos colaterais da masturbação.

Os livros do começo do século passado tratavam a masturbação como uma doença, afirmando que quem a pratica pode ter que enfrentar conseqüências terríveis como a cegueira e a loucura. Até hoje algumas pessoas acreditam nestas tolices e ficam envergonhadas ao falar sobre esse tema. Outro erro grave – fruto do preconceito e da falta de informação – é considerar que a masturbação só é normal e aceitável entre os jovens. Isso não é verdade. Muitos adultos passam longos períodos sem parceiro sexual, e a masturbação é uma forma de acalmar uma demanda natural por sexo.

Já pela metade do século XX, ficou provado cientificamente que a masturbação não causa nenhum prejuízo à saúde, ao contrário, alguns estudos estatísticos sugerem que a ejaculação freqüente pode até prevenir tumores na próstata. Mesmo assim, há quem se sinta ameaçado por possíveis efeitos negativos do ato de se masturbar. Isto se deve a um sentimento nocivo, muito difundido em nossa cultura, de que tudo o que gera prazer tem sempre uma conseqüência negativa. Já está na hora de superar o moralismo e a culpa e tratar a masturbação como algo normal. Cada um tem o direito inalienável de usar o próprio corpo como bem entender.

MENOPAUSA

Antigamente a menopausa era considerada o marco final da vida sexual de uma mulher. A chegada da menopausa significava não apenas que a mulher não podia ter filhos, mas também que não faria mais sexo. Por causa deste preconceito, os maridos paravam de procurar suas mulheres. As alterações hormonais, provocando uma diminuição do desejo sexual, contribuíam para que as mulheres aceitassem essa situação. Assim, até a segunda metade do século XX, a vida sexual feminina se encerrava precocemente.

A partir de 1960, com a invenção da pílula anticoncepcional, começou a revolução sexual feminina e os preconceitos foram todos reexaminados. As mulheres do mundo inteiro passaram a lutar pela própria felicidade, não aceitando mais o papel de coadjuvantes nas relações amorosas. A moral sexual, que antes era aceita sem discussão, foi reavaliada. Muitas coisas que eram consideradas ruins ou erradas com relação ao sexo passaram a ser admitidas. Nesse contexto, ficou evidente que não havia razão alguma para se encerrar a vida sexual simplesmente por causa da impossibilidade de engravidar.

Hoje sabemos que o sexo não é apenas uma atividade destinada à reprodução, como afirmam alguns líderes religiosos, mas também uma fonte de prazer saudável e natural. Já não existe mais uma idade predeterminada para fazer sexo, cada pessoa tem a liberdade de decidir sobre a própria vida.

SEXO SEM MEDO NEM INIBIÇÃO

A psicologia do final do século XIX estabelecia rígidos padrões para o comportamento sexual. Isso se explica pelo fato de que essa ciência ainda estava em seus primórdios e era muito influenciada pelo puritanismo vitoriano. Com uma arrogância típica dos ignorantes, as autoridades da época emitiam suas opiniões conservadoras como se fossem certezas inquestionáveis. Nesse contexto, quase toda a atividade sexual que se afastasse um pouco da mais tradicional posição de penetração – chamada entre nós, com ironia, de "papai-e-mamãe" – era considerada uma perversão.

Nas primeiras décadas do século XX, com o aprofundamento das pesquisas nas áreas de comportamento humano, os preconceitos foram sendo progressivamente abandonados. Além disto, as autoridades de hoje são mais conscientes dos limites de seus conhecimentos, e por isso não se atrevem a estabelecer padrões para o comportamento particular dos cidadãos. Atualmente, considera-se normal e sadia qualquer prática sexual, desde que realizada com consentimento mútuo e sem causar danos à saúde.

No sexo, quando a repressão e o medo não agem como fatores de inibição, os seres humanos procuram inspiração nos seus impulsos mais primitivos. Entregar-se aos instintos é a chave para uma vida sexual plena e intensamente prazerosa. Agindo dessa forma, você descobrirá aspectos até então desconhecidos de sua personalidade. A intimidade das quatro paredes traz à tona os impulsos que normalmente ficam reprimidos pela necessidade de conviver em sociedade. Desejos inusitados e violências imprevistas podem acometer até as pessoas mais pacatas e serenas durante a excitação sexual. Você não deve temer seus demônios ocultos. Eles fazem parte da sua natureza, pois os seres humanos são, originalmente, ferozes predadores. Quanto mais freqüente for a sua convivência com a crueza de seus instintos, mais intimidade você terá com eles. Desta forma, você poderá aprender a conhecer sua natureza mais primitiva, deixando que ela se manifeste de forma criativa durante a atividade sexual.

Mordidas, arranhões, palmadas e até carinhos mais violentos são apenas expressões de vitalidade sexual. Gostar de praticá-las ou recebê-las é comum e natural, não há nada de errado nisto. O uso da boca como instrumento de carinho e a exploração de cada espaço do corpo em busca de prazer são legítimas manifestações de amor e desejo.

SADISMO E MASOQUISMO

Práticas sexuais que envolvem uma certa dose de dor e sofrimento são bastante comuns, costumamos chamá-las de sadismo e masoquismo. O sadismo consiste basicamente em sentir prazer ao infringir sofrimento ao parceiro sexual, é a luxúria acompanhada de crueldade.

Masoquismo, ao contrário, significa sentir prazer e excitação sexual com o próprio sofrimento. A partir destas definições, é fácil entender por que sádicos e masoquistas geralmente conseguem uma boa harmonia sexual.

O termo sadismo se originou do nome do marquês de Sade (1740-1818), escritor francês que foi internado por Napoleão Bonaparte como louco incurável, e morreu no hospício de Charenton. Sua obra de ficção tornou-se célebre pela perversidade dos personagens e das situações por eles vividas. A palavra masoquista vem do nome do romancista austríaco Leopold von Sacher-Masoch (1835-1895). Os contos e novelas passionais escritos por Masoch descrevem personagens que extraem prazer do próprio sofrimento. Não é segredo que a obra de Masoch é em grande parte autobiográfica, e desconfia-se de que o mesmo seja verdade em relação ao marquês de Sade. Tudo indica que, do ponto de vista psicológico, sadismo e masoquismo são as duas faces da mesma moeda, se complementando mutuamente, como o par masculino-feminino.

Uma certa dose de sadismo e de masoquismo existe em todas as pessoas e faz parte de nossa herança animal. Na natureza, diversas espécies manifestam variadas formas de sadomasoquismo durante a relação sexual. Os gatos, por exemplo, têm uma relação sexual repleta de violência entre macho e fêmea. Sendo tão freqüente, o sadomasoquismo não pode ser considerado doentio, a não ser quando ultrapassa os limites do bom-senso. Os sadomasoquistas assumidos estabelecem uma fórmula que consideram adequada para nortear seus relacionamentos. Esta consiste no que eles chamam de SSC – são, seguro e consensual. Se quisermos considerar o sadismo ou o masoquismo como comportamentos patológicos, teremos que tachar de doentia mais de 80% da população humana, incluindo neste percentual aqueles que reprimem suas tendências sexuais, e quase toda a população animal de nosso planeta.

É importante perceber que no dia-a-dia dos relacionamentos amorosos existe sempre uma certa dose de sadomasoquismo psicológico que costuma passar desapercebida. Os desentendimentos entre marido e mulher muitas vezes são seguidos de atitudes de tortura mental e humilhações. Geralmente estas manifestações mais sutis de sadismo e masoquismo ocorrem quando os parceiros reprimem suas tendências sexuais. É muito mais saudável, portanto, extravasar os seus impulsos naturais durante a relação sexual do que ter um comportamento sexual reprimido e hostilizar o parceiro ou se deixar agredir por ele depois.

LEMBRE-SE

✓ Não existe nada mais estimulante do que sentir uma paixão adormecida renascer das cinzas e pegar fogo novamente.

✓ Deixar o sexo e o amor fluírem juntos, sem medo, o ajudará a se tornar uma pessoa mais harmoniosa.

✓ Cada um tem o direito inalienável de usar o próprio corpo como bem entender.

✓ O sexo não é apenas uma atividade destinada à reprodução, como afirmam alguns líderes religiosos, mas também uma fonte de prazer saudável e natural.

✓ Liberar os instintos é a chave para uma vida sexual plena e intensamente prazerosa.

TIRE SUAS DÚVIDAS

— Estou namorando há um ano e até agora minha namorada se recusa a fazer sexo. Ela diz que não quer desvalorizar nossa relação. O que eu posso fazer?

Não adianta forçar sua namorada a fazer sexo nem brigar com ela por causa disso. A melhor coisa a fazer é ter uma conversa franca com ela e explicar que o sexo não desvaloriza a relação, muito ao contrário, a fortalece cada vez mais. Vá com calma para não amedrontá-la, crie situações românticas nas quais o sexo possa surgir espontaneamente. É importante fazer com que ela perceba que o sexo não é uma obrigação, mas sim um momento de carinho entre duas pessoas que se amam. Tenha paciência e não tente apressar nada. Quando ela perceber que é amada de verdade e tiver confiança em você, tudo acontecerá naturalmente.

— Ouvi dizer que masturbação causa cegueira, é verdade?

Já estamos no século XXI, mas antigos preconceitos contra a masturbação incrivelmente ainda persistem. Não há nada de errado com o ato de masturbar-se, cada um pode usar o próprio corpo como bem quiser. É mentira que a masturbação tem efeitos colaterais como a cegueira e a loucura. Ficou cientificamente provado que a masturbação não causa nenhum dano à saúde.

— Sou casado há cinco anos e de um tempo para cá não sinto mais nada por minha mulher, nem amor, nem tesão. O que eu faço agora?

Muitas pessoas colocam essa mesma questão. Creio que esse problema surge do fato de que muitos casamentos se apóiam apenas no desejo sexual. Quando a paixão acaba, não sobra nada para sustentar a relação. Um casamento só pode dar certo se os parceiros, além de sentirem atração física, tiverem também admiração, respeito e carinho um pelo outro. Sem isso, são como dois estranhos vivendo sob o mesmo teto. Divergências sempre existirão, mas um casal que se ama consegue superar todos os problemas com certa facilidade. Por outro lado, sem amor nenhum casamento se sustenta, e com o tempo até o interesse sexual acaba diminuindo. Para recuperar seu casamento você precisa aprender a cultivar os sentimentos amorosos que mencionei. Se conseguir fazer isso, o tesão voltará naturalmente.

– Meu namorado gosta de me morder e me dar palmadas quando fazemos amor. Eu não acho isso normal, me sinto como um bicho. O que eu posso fazer para ele parar com isso?

Em primeiro lugar, você precisa ser mais honesta consigo mesma e parar de usar a expressão "fazer amor" para se referir ao sexo. Se ficar usando eufemismos para tratar do assunto, nunca conseguirá ter um relação sexual plena. Em segundo lugar, não há nada de errado em demonstrar amor e desejo através de manifestações violentas durante o ato sexual, contanto que nenhum dos dois se machuque. Supere os seus preconceitos e tente viver de modo mais livre a sua própria sexualidade. Experimente retribuir as mordidas e palmadas do seu namorado com arranhões e outras carícias. Se ele estiver sendo violento demais, converse francamente e estabeleça limites, deixando claro o que você permite e o que não permite. O fundamental é não ter vergonha de manifestar os seus desejos.

CAPÍTULO 5

Casamento

COMPARTILHE OS SONHOS

Como a situação econômica do nosso país nunca vai muito bem, várias pessoas acabam adiando indefinidamente seus planos de casamento. Não há dúvidas, casar é muito caro. Para começo de conversa, é preciso alugar ou comprar um imóvel para morar, depois é necessário adquirir móveis, eletrodomésticos e utensílios. Quando o casal tiver um filho, os gastos aumentarão bastante. O resultado disso é que muitos noivos esperam um momento econômico-financeiro propício para casar, e o período de espera por vezes é bastante longo.

Geralmente é a mulher quem demonstra mais entusiasmo pelo casamento. O homem costuma permanecer numa posição passiva, deixando que a namorada tome as providências para realizar a união. Isso acontece porque as meninas são ensinadas desde pequenas a sonhar com o grande dia em que entrarão na igreja usando um lindo vestido branco. Por mais que posteriormente a mulher possa abandonar o sonho de um casamento tradicional, o significado do casamento no imaginário feminino continua tendo sempre uma força muito grande. Ao se deparar com a aparente falta de entusiasmo do namorado, a jovem pode começar a se sentir rejeitada, como se ele estivesse fugindo do compromisso. Neste ponto, muitos relacionamentos desandam, portanto é necessário um esforço para salvar a relação do naufrágio precoce.

Uma das providências que o casal pode tomar para contornar essa situação é organizar uma poupança destinada a cobrir os gastos do casamento. Visitar imóveis também é uma boa idéia. Além de ir se familiarizando com o mercado e adquirindo uma visão mais realista dos preços, o casal começa a ver seus sonhos tomando uma forma mais concreta. Uma casa vazia é um cenário favorável para dois namorados. Eles podem percorrê-la de mãos dadas, imaginando onde colocar a mobília, pensando no lugar onde o berço ficará e antevendo os bons momentos da nova vida que levarão. Compartilhar sonhos aproxima as pessoas e estimula o amor.

QUANDO CASAR, NÃO ESQUEÇA DE NAMORAR

É no namoro que nasce o amor, por isso esse é o período mais romântico da vida de um casal. Para dar certo, uma relação duradoura precisa manter o espírito dos primeiros tempos de namoro. Se o amor não estiver sempre renascendo, ele se cristaliza, envelhece e acaba morrendo. É como uma árvore que precisa renovar suas folhas para crescer cada vez mais e florescer na primavera.

Quero dizer com isso que os pequenos cuidados que você tinha no começo do namoro devem ser preservados agora que a relação evoluiu. O Dia dos Namorados, por exemplo, é uma excelente oportunidade para reviver os maravilhosos dias passados. Compre presentes, organize viagens, faça surpresas, tudo vale para recuperar a doce ingenuidade dos primeiros tempos e quebrar um pouco a seriedade do casamento. Brinque de namorar, essa é uma fonte de eterna juventude. Procure fazer com que todo dia seja mais um dia dos namorados.

É preciso manter sempre viva a chama do amor, para que o casamento não se resuma a uma monótona convivência diária, mas seja uma fonte de alegria, prazer e energia para ambos. Quando surgirem dificuldades, lembre-se de como foi importante conquistar a pessoa amada. Se você não esquecer o que de melhor aconteceu durante a relação, jamais permitirá que um dia ruim estrague anos de felicidade.

PROTEGENDO O CASAMENTO

Tudo na vida sofre desgaste e precisa se renovar. As peças do motor de um avião, por exemplo, são todas trocadas periodicamente, mesmo aquelas aparentemente intactas, pois a falha de uma delas em pleno vôo pode causar um acidente fatal. Sem que você perceba, todas as células do seu corpo são substituídas gradativamente, de tal modo que, estritamente falando, você não é o mesmo com o passar dos anos. É isso o que precisa acontecer no amor: uma constante renovação.

Para permanecer junto, um casal tem que reinventar permanentemente a própria relação, criando novos interesses que estimulem e oxigenem a convivência. Uma boa idéia é aprender coisas juntos — fazendo, por exemplo, aulas de dança, de línguas estrangeiras ou de qualquer outra coisa. Se os interesses de um ficarem distantes demais dos interesses do outro, é natural o surgimento de conflitos, com risco de conduzir à separação. Isso acontece porque quando uma pessoa começa a aprender alguma coisa, geralmente descobre em seus novos círculos de relacionamento alguém com idéias afinadas às suas. Se, ao chegar em casa, a pessoa não encontrar um ambiente propício para a troca, facilmente sucumbirá aos encantos dos novos relacionamentos.

Para evitar tais perigos, você precisa ter uma mente aberta e ouvir o que a sua esposa ou marido tem para lhe contar, acompanhando de perto a sua evolução. Se a mulher achar que tudo o que o companheiro gosta é "bobagem" ou se o homem considerar as preocupações da companheira como simples "frescuras", o casamento estará condenado. Até mesmo as grandes empresas multinacionais são forçadas a se renovarem para continuar no mercado, enfrentando a concorrência de igual para igual. Um casal deve fazer o mesmo, trabalhando sempre para o aperfeiçoamento do casamento, caso contrário, "a concorrência" pode vencer. E concorrência é o que não falta no amor...

Ninguém é obrigado a permanecer casado para sempre. Milhares de casais, no entanto, ficam juntos a vida toda, mostrando que, embora não exista relacionamento perfeito, é possível construir um casamento duradouro e feliz. Não é a inexistência de problemas que solidifica e fortalece o amor, ao contrário, para um casamento dar certo, o casal precisa ter capacidade de superar os desafios que surgem pelo caminho.

FILHOS: TER OU NÃO TER

Esta questão não era de modo algum discutida anos atrás. As pessoas simplesmente achavam que depois do casamento, o caminho natural era ter filhos. Com o surgimento da pílula, no começo da década de 1960, as coisas começaram a mudar. Hoje em dia, muitos casais preferem não ter filhos apesar de estarem juntos há anos.

Por ser um método anticoncepcional seguro e prático, a pílula rapidamente substituiu as tabelinhas, que costumavam falhar com freqüência, e também as antigas camisinhas, que não eram lubrificadas como as modernas, atrapalhando o ato sexual bem na hora H. Com a pílula, estes incômodos acabaram, o que permitiu que as pessoas transassem de forma muito mais livre e despreocupada. Obviamente, isso facilitou tanto o sexo praticado dentro quanto fora do casamento. Esta facilidade conduziu rapidamente à liberação sexual e ao sexo sem culpa.

A assim chamada revolução sexual dos anos sessenta trouxe benefícios sobretudo para as mulheres, principais vítimas da antiga moral sexual. No passado, a maioria dos homens tinha várias experiências sexuais antes do casamento, enquanto as mulheres eram obrigadas a manter a virgindade até casarem. Aos poucos, as mulheres foram se tornando donas dos próprios corpos e passaram a administrar a própria sexualidade. No mundo de hoje, existe uma igualdade de condições entre homens e mulheres, pelo menos no que diz respeito à sexualidade.

Dentro desta nova conjuntura, ter filhos deixou de ser uma obrigação e passou a ser uma opção. Por conta disso, os casais podem planejar o nascimento das crianças com calma, sem sacrificar a vida profissional nem forçar a mulher a enfrentar sucessivas gestações. O planejamento familiar permitiu que as mulheres tivessem uma participação cada vez maior no mercado de trabalho, conquistando sua independência financeira e reconfigurando a relação entre os sexos. Felizmente, hoje em dia a decisão de ter ou não ter filhos pode ser discutida abertamente pelo casal, ninguém mais é obrigado a tê-los.

Trazer uma criança ao mundo é ao mesmo tempo um grande privilégio e uma enorme responsabilidade. Só você e seu cônjuge podem saber se é conveniente ou não ter um filho em um determinado momento. Lembre-se de que não basta querer, é preciso *querer muito*, pois ter um filho é assumir um compromisso seriíssimo para a vida toda.

OS FILHOS DO OUTRO

Casar com alguém que já tem filhos pode ser muito complicado. Se você está pensando em fazer isso, a primeira coisa que precisa se perguntar é se está disposto a conviver todos os dias com as crianças, tratando-as com todo o amor, como se fossem seus próprios filhos. Caso não esteja, é melhor desistir. Quem tem filhos dificilmente irá deixá-los de lado só porque você não se dá bem com eles.

A única possibilidade de manter um casamento feliz nessas condições é aproximar-se dos filhos da pessoa amada. Lembre-se de que quando você conquista os filhos dela, está conquistando-a também, pois, para quase todas as pessoas, os filhos são as coisas mais importantes que existem. Ninguém tem o direito de pedir a um pai ou a uma mãe que se distancie de seus filhos. Se tiver que escolher entre eles e você, pode ter certeza de que seu companheiro ou companheira vai preferir os filhos. E, se por acaso não o fizer, preferindo você aos filhos, não se sinta lisonjeado, mas desconfie do caráter dele ou dela. Portanto, não pode haver intolerância com as crianças, você tem que aceitar sinceramente a presença delas.

As coisas podem se tornar piores quando os filhos já não são mais tão pequenos. A adolescência é uma fase da vida que se caracteriza pela rebeldia e pela contestação, portanto é natural que os jovens tenham atitudes de desafio frente ao novo casamento dos pais. Você, como adulto, precisa ter muita delicadeza, compreensão e maturidade para evitar que pequenos atritos do cotidiano acabem se transformando em grandes e explosivas crises familiares. Os adolescentes muitas vezes não conseguem controlar seus sentimentos, cabe aos mais velhos, portanto, agir com calma e serenidade para contornar os conflitos e passar por cima das provocações. É fundamental não assumir uma postura combativa, respeitando o espaço e a individualidade do jovem.

Uma grande parcela da responsabilidade por criar um bom relacionamento entre o novo cônjuge e os filhos cabe aos próprios pais. Eles devem estar muito atentos para evitar qualquer situação que possa provocar o ciúme das crianças. Se os pais não tiverem cuidado, facilmente elas se sentirão postas de lado.

Sem dúvida os filhos podem aceitar o novo casamento dos pais, e até mesmo criar uma boa relação com a madrasta ou o padrasto, mas para isso é essencial que os adultos desenvolvam a capacidade de perceber os sentimentos dos jovens e aprendam a respeitá-los.

MÃE SOLTEIRA

Na sociedade contemporânea, é cada vez maior o número de mulheres que preferem criar seus filhos sozinhas, sem a ajuda do pai. Existem, inclusive, mulheres solteiras que querem engravidar mas não querem casar. Esta é uma questão delicada, pois, queira a mãe ou não, o filho sempre terá um pai.

Uma mãe solteira pode até ser bem-sucedida na criação dos seus filhos, dando a eles toda a atenção e carinho de que precisam. De qualquer modo, o pai da criança deve pelo menos efetuar seu registro legal, e precisa ser informado periodicamente sobre o desenvolvimento do filho.

Em hipótese alguma a mulher tem o direito de esconder a gravidez, dando à luz um filho sem que o pai saiba. Existem diversas razões para fazer essa ressalva, tanto de ordem ética quanto de ordem prática. Em primeiro lugar, seria antiético e injusto usar uma pessoa para engravidar sem que ela saiba disso. Em segundo lugar, é preciso lembrar que uma criança que não conhece o próprio pai pode ter sérios problemas psicológicos mais tarde. Em terceiro lugar, esta criança pode nascer com alguma deficiência física ou mental, e a participação do pai pode ser fundamental para o tratamento. Em quarto lugar, a mãe da criança pode falecer e, neste caso, o pai será chamado a criá-la no lugar da mãe. Isso sem falar no preconceito que uma pessoa registrada sem o nome do pai pode sofrer ao longo de sua vida.

Se o pai quiser, poderá sempre reivindicar na Justiça o direito de visita e até de guarda do filho, e dificilmente a mãe conseguirá evitar o primeiro, por mais independente que deseje ser. Os modernos testes de DNA confirmam com absoluta certeza a paternidade de uma criança, o que torna praticamente impossível impedir que um pai tenha contato com o filho.

CASAMENTO ABERTO

No final da década de 1970, quando todos os valores e instituições estavam sendo contestados, o casamento tradicional também foi posto em xeque. Dentro do movimento libertário da época, surgiu uma nova modalidade de união: o "casamento aberto". Sob esta denominação, estão os relacionamentos caracterizados pela liberdade sexual dos parceiros. Portanto, num casamento aberto, simplesmente não existe o compromisso de fidelidade.

Essa experiência só pode dar certo se algumas regras forem respeitadas. A principal é falar tudo ao parceiro, sempre. É fundamental que não existam segredos sobre as relações extraconjugais para evitar o sentimento de traição, embora isso gere um inevitável ciúme. A segunda regra diz respeito à valorização da parceria e da cumplicidade, ou seja, deve haver uma ajuda recíproca na busca do prazer sexual com outras pessoas. Isso quer dizer que você não pode atrapalhar os encontros do seu consorte com eventuais amantes, ao contrário, se possível deve inclusive encorajá-los. Num casamento aberto, marido e mulher aceitam sinceramente a liberdade um do outro, pois acreditam que existe uma dissociação absoluta entre o sexo e o amor.

    Acontece que não há como se garantir que estas regras sejam seguidas e, muito menos, que sejam eficazes na proteção ao matrimônio. Ninguém pode controlar friamente os próprios sentimentos, e experiências sexuais bem-sucedidas muitas vezes acabam desencadeando o amor. Na prática, pouquíssimos casamentos deste tipo sobrevivem por longos períodos de tempo. Se você está pensando em ter um casamento aberto, lembre-se de que essa é uma proposta de alto risco que só se justifica como uma última tentativa de evitar a separação.

NÃO SEJA UMA VÍTIMA!

Uma questão dolorosa que precisa ser encarada de frente é o problema das mulheres maltratadas pelos maridos. Muitas delas querem a separação, mas esbarram em dificuldades de todos os tipos, como, por exemplo, o fato de terem filhos pequenos ou não possuírem um emprego que garanta os recursos necessários para se sustentar, sem a ajuda do marido.

    A dependência financeira feminina é uma situação perigosa, pois acaba sendo um incentivo para que homens agressivos abusem covardemente do seu poder, tirando partido da circunstância para subjugarem as esposas. Subconscientemente, homens que sustentam sozinhos a família podem acabar desenvolvendo uma grande raiva da mulher e dos filhos que lhes dão despesa e aborrecimento. Amargurados, eles revidam com maus-tratos e traições.

A única saída viável para a mulher é a independência financeira. Somente aquelas que são capazes de se sustentar estão em condições de enfrentar uma separação sem medo e com firmeza. Não é à toa que as mulheres independentes são muito mais bem tratadas do que as que dependem do marido. Nenhum homem tem coragem de agredir uma mulher dona do próprio nariz, porque sabe que ela tem a possibilidade concreta de abandoná-lo a qualquer momento.

Se você está sofrendo maus-tratos por parte do seu marido, aconselho que procure se tornar cada vez mais forte, não apenas conseguindo um trabalho para ganhar seu próprio dinheiro, como também se informando sobre seus direitos de mulher e os fazendo valer. Acredite, você não é uma refém do destino, a sua situação pode mudar para melhor. O processo é lento, mas, com esforço, você vai conseguir. Sei que as dificuldades são imensas, o seu marido não lhe deixa ter vida própria, nem sequer abre possibilidade para um diálogo. Mas, com jeito você pode melhorar o relacionamento ou, se for o caso, ter condições de encerrá-lo. Quando a mulher se fortalece, passa a ser respeitada e admirada pelo marido, por mais que ele diga que preferia que ela ficasse em casa.

LEMBRE-SE

✓ Compartilhar sonhos aproxima as pessoas e estimula o amor.

✓ Se o amor não estiver sempre renascendo, ele se cristaliza, envelhece e acaba morrendo.

✓ Não é a inexistência de problemas que solidifica e fortalece o amor, ao contrário, para um casamento dar certo, o casal precisa ter a capacidade de superar os desafios que surgem pelo caminho.

✓ Trazer uma criança ao mundo é ao mesmo tempo um grande privilégio e uma enorme responsabilidade.

✓ Em hipótese alguma a mulher tem o direito de esconder a gravidez, dando à luz um filho sem que o pai saiba.

✓ Quando a mulher se fortalece, passa a ser respeitada e admirada pelo marido.

TIRE SUAS DÚVIDAS

— Sou noiva há três anos, mas até agora não consegui marcar a data do casamento. Às vezes, eu fico achando que meu noivo está me enrolando. O que eu posso fazer para casar logo?

Essa situação é muito comum. Casar não é nada fácil, e acaba custando muito caro. Não se precipite, encare com calma o período de espera antes do casamento. É muito melhor casar na hora certa, com a situação econômica resolvida, do que casar de qualquer jeito e sobrecarregar a relação logo no início com problemas financeiros. Por outro lado, é muito angustiante para a mulher ter que adiar a concretização do seu sonho indefinidamente. Converse sobre isso com seu noivo e estabeleça prazos razoáveis para a realização do casamento. Tente envolvê-lo cada vez mais na idéia, falando de como o casamento fortalecerá a união de vocês. Outra boa possibilidade é começar uma poupança o quanto antes. Enfim, fique tranqüila mas tome a iniciativa e não espere que seu noivo resolva tudo.

— Tenho 24 anos, estava saindo com um cara e acabei ficando grávida. Não quero casar com o pai da criança, ele é muito irresponsável. Estou pensando em ter o filho sozinha. Qual é a melhor coisa a fazer na minha situação?

É natural sua preocupação com a criança, mas lembre-se de que uma pessoa que cresce sem contato com o pai pode acabar tendo que enfrentar várias dificuldades no futuro. Além disso, você não tem o direito de impedir um pai de ver o filho. Isso não quer dizer que você seja obrigada a casar com ele, você tem toda a autonomia para decidir o que é melhor para sua vida. Tome cuidado, no entanto, para que suas decisões não prejudiquem o seu filho. A solução mais sábia para essa situação é assumir a responsabilidade pela criação da criança e ao mesmo tempo estimular o contato entre pai e filho.

– Meu filho adolescente e minha nova esposa se dão muito mal. Ele não gostou dela desde o começo, e quis me impedir de casar com ela. Agora que moramos juntos, eles brigam todo dia. Como enfrentar esse problema?

Em primeiro lugar, é fundamental entender que eleger um só culpado por essa crise familiar não ajuda nem um pouco a resolver o problema. Todos os três – você, seu filho e sua esposa – têm uma parcela de culpa pelo que está acontecendo. Você provavelmente está dando menos atenção para o seu filho desde que começou a namorar, por conta disso ele faz o que pode para sabotar a sua nova relação. A sua mulher, por outro lado, não está tendo a serenidade necessária para tratar com adolescentes, e acaba caindo nas provocações do seu filho. Cada um precisa refletir e perceber que está transformando a convivência diária num inferno. Se todos forem mais compreensivos e tolerantes, vocês acabarão por superar os problemas e, quem sabe, seu filho e sua nova mulher até se tornarão bons amigos no futuro.

– Meu marido me maltrata e me humilha, diz que eu sou uma inútil e até me bate. Eu penso em separação, mas não tenho para onde ir, abandonei a escola quando me casei e nunca aprendi uma profissão. O que faço para ele me tratar melhor?

Você está sofrendo as conseqüências de ser financeiramente dependente do seu marido. Só há uma maneira de melhorar seu casamento:

ser independente. Evidentemente é difícil sair dessa situação de dominação, mas você precisa tentar, senão ficará infeliz para o resto da vida. Volte a estudar, procure um emprego, conheça novas pessoas, trace planos para o futuro. O que você não pode fazer é ficar parada em casa, esperando que tudo melhore por milagre. Quando ganhar confiança e for dona do próprio nariz, ele irá tratá-la com o respeito que você merece. Se não, você estará em condições de abandoná-lo e começar uma relação com alguém que a valorize.

CAPÍTULO 6

Infidelidade

ENTENDENDO A TRAIÇÃO

A infidelidade conjugal ocorre com mais freqüência do que se costuma imaginar. Emily Brown, diretora do *Key Bridge Therapy and Mediation Center*, nos Estados Unidos, afirma que aproximadamente 50% das esposas americanas têm ou já tiveram ao menos um relacionamento extraconjugal, e cerca de 60% dos maridos já traíram suas mulheres. No Brasil, uma pesquisa coordenada pela psiquiatra Carmita Abdo, do Projeto Sexualidade da Universidade de São Paulo (Prosex), revelou números bastante altos. A dra. Abdo e sua equipe ouviram três mil pessoas de vários estados brasileiros, e descobriram que a infidelidade masculina no nosso país chega a 63%, enquanto a infidelidade feminina é um pouco menor. Resumindo, mais da metade das pessoas casadas já cometeu adultério pelo menos uma vez na vida. Outro dado interessante é que acontecem mais traições nas cidades do que nas zonas rurais.

Existe uma grande diferença entre o adultério feminino e o masculino. Essa diferença diz respeito não apenas à reação de quem é traído, como também à motivação de quem trai. As mulheres costumam justificar a infidelidade argumentando que era "muito importante" para elas fazerem isso naquele momento. Os homens, ao contrário, costumam dizer que deram suas escapadas apenas por "brincadeira" ou que a traição "não significou nada". Além disso, os homens costumam ser muito mais rígidos do que as mulheres na cobrança por fidelidade. Essas diferenças se devem tanto a fatores culturais quanto biológicos. O instinto masculino é muito focado no sexo, ao passo que o instinto feminino se volta mais para a criação e a preservação da família. O homem sente ciúmes da relação sexual propriamente dita, enquanto a mulher teme a desestruturação do núcleo familiar.

É compreensível que passados dez, vinte ou trinta anos de vida em comum um casal encontre dificuldades para não cair na rotina, abrindo, assim, espaço para a traição. Na cerimônia do casamento, marido e mulher se comprometem ingenuamente a serem fiéis pelo resto da vida, sem levar em conta as dificuldades que terão de enfrentar no futuro. Depois, ambos têm de arcar com o sofrimento decorrente da traição: quem traiu se sente culpado, quem foi traído fica magoado. Esse problema é fruto de uma concepção pouco realista das obrigações do casamento. O primeiro passo para superá-lo é, portanto, relativizar a situação e tentar entender os motivos que levaram à traição. Não adianta nada crucificar o parceiro, jogando para cima dele toda a culpa pelo que aconteceu. Lembre-se de que errar é humano.

TRAIÇÃO E CIÚMES

Há quem ache que namorar é fazer e cobrar sacrifícios. Quando uma relação começa assim, tem tudo para desaguar em um casamento penoso, no qual os cônjuges em vez de aliados e parceiros são adversários e até inimigos. Para que isso não aconteça, é necessário que o casal abra mão definitivamente do clima repressivo, das proibições recíprocas e do patrulhamento afetivo.

Já ouvi muitas queixas do tipo "desde que comecei a namorar, nunca mais fui ao Maracanã", ou "meu namorado me proibiu de conversar com meus amigos". Quem tolhe a liberdade do parceiro acha que está protegendo a relação, mas na verdade está fazendo justamente o contrário. A experiência mostra que mesmo o controle mais rígido do mundo não é capaz de evitar a traição.

O ciúme é quase sempre causado pela insegurança, que por sua vez é decorrente da falta de amor-próprio. Pessoas que se julgam feias ou desinteressantes e não acreditam em sua capacidade de atrair os outros tendem a desconfiar do amor que recebem. Esse é um exemplo bem comum do quanto a baixa auto-estima acaba por provocar dificuldades no relacionamento. Para superar a insegurança, é importante aprender a confiar em si mesmo.

Confiar em si mesmo significa acreditar na sua capacidade de seduzir o parceiro, fazendo com que ele não se interesse por mais ninguém. Significa também, acima de tudo, confiar na sua capacidade de superar eventuais situações dolorosas. Se você tiver uma boa auto-estima, enfrentará com mais naturalidade uma traição, pois saberá que seu valor próprio não é nem um pouco depreciado pelas atitudes do parceiro. Ou seja, você verá a traição como um problema de quem trai, e não de quem é traído. É importante dar ao parceiro sempre um crédito de confiança e nunca acusá-lo de traição sem ter evidências fortes que comprovem as suas suspeitas. A confiança mútua fortalece o vínculo afetivo e contribui de modo muito mais eficaz para evitar a traição do que a repressão e o controle.

COMO REAGIR À TRAIÇÃO?

Quando alguém descobre que está sendo traído fica arrasado. O primeiro impulso é extravasar a raiva numa atitude violenta: gritar, xingar, bater. A emoção sobrepõe-se à razão e a pessoa age movida por seus impulsos mais primitivos, dominada pelo ciúme e pela possessividade.

Será, contudo, que essa é a atitude certa a tomar? Explodir de raiva é uma reação típica de quem está com medo de pensar. Numa situação dessas, pensar dói, faz sofrer mais, por isso muitos acabam trocando a reflexão pela violência.

Quando começa a analisar a situação, a pessoa é tomada por uma grande perplexidade e se pergunta coisas como: "O que levou o parceiro a me trair?", "E as juras de amor eterno, onde ficaram?". O mais difícil de tudo é voltar a tocar num corpo que você sabe ter sido marcado pelas carícias de outro. É quase impossível controlar o ciúme que invade a alma e arrebata o coração. Um coração partido precisa de muito tempo para se curar. Depois de uma traição, é necessário fazer uma reflexão profunda e sincera, avaliando com calma a possibilidade de superar o trauma e recuperar o casamento. A pessoa traída deve evitar a armadilha de culpar somente o parceiro pelo que aconteceu. O adultério tem que ser visto como um sinal de que o casamento precisa se renovar. Não adianta tapar o sol com a peneira e fingir que não houve nada. Enquanto os problemas que levaram à traição não forem enfrentados, essa situação se repetirá, tornando cada vez mais difícil a reconstrução do casamento.

INFIDELIDADE E AMOR

Recebi uma carta de uma moça que dizia ser louca pelo namorado, com quem se dava muito bem na cama. Apesar disso, havia começado a transar com um colega de trabalho. Era a primeira vez que traía um namorado. Ela queria ajuda para entender o que se passava: será que existia alguma explicação "misteriosa" para sua infidelidade, ou era pura sem-vergonhice?

Conto esse caso para mostrar que a traição não está necessariamente relacionada à falta de amor. Mesmo quando se ama o parceiro, a traição é possível. A infidelidade pode estar ligada à curiosidade e à vontade de conhecer coisas novas, diferentes, proibidas. É claro que quem está loucamente apaixonado não pensa em trair, mas, depois de certo tempo de relacionamento, é comum começarem a surgir desejos de infidelidade.

Isso acontece com mais freqüência do que as pessoas imaginam. Muita gente se surpreende com o próprio comportamento quando trai alguém que ama. Creio que "sem-vergonhice" é uma expressão pobre que não serve para explicar um assunto tão delicado. Falar em mistério tampouco esclarece os mecanismos subconscientes que levam a uma situação dessas. Algumas mulheres têm este comportamento porque se sentem poderosas ao seduzir diversos homens. Vários maridos traem suas esposas para afirmar a própria virilidade. Cada caso deve ser analisado isoladamente. Não existe uma explicação única para a infidelidade.

Se você está traindo seu marido ou sua esposa, pare um momento e reflita sobre os motivos que o levaram a agir assim. Tente descobrir o que está procurando no amante. Muitas vezes você pode encontrar o que deseja dentro de casa, sem necessidade de trair a pessoa que ama.

SABER PERDOAR

Você deve pensar muito bem antes de casar. É preciso ter muita clareza sobre o compromisso que está assumindo – estabelecer uma relação séria com uma pessoa significa abrir mão de todas as outras. Se não conseguir fazer isto, você passará a vida toda desperdiçando tempo e energia em relações amorosas efêmeras e pouco produtivas.

Manter-se fiel ao longo dos anos é difícil, não há dúvida. Muito mais do que um compromisso com o outro, a fidelidade é uma posição pessoal de respeito à relação amorosa. Um dos maiores equívocos no amor é o fato de que geralmente a infidelidade é mais sofrida pela vítima do que pelo infiel.

Ocorrida a traição, o casamento só poderá ser salvo se passar por uma grande transformação. Marido e mulher precisam ter uma conversa séria sobre os rumos da relação, expondo francamente suas insatisfações e frustrações. Somente recuperado o diálogo, a intimidade e a parceria, o casal terá forças para lidar com essa situação.

Lembre-se de que um caso isolado de infidelidade não significa que todos os anos vividos juntos tenham sido uma farsa. Uma traição nem sempre é um sinal de que a paixão acabou, pode ser apenas uma fraqueza ocorrida num momento difícil. Mantenha a cabeça no lugar e avalie com calma o impacto que esse episódio causará. Se ainda existir amor, todos os esforços se justificam para salvar o casamento.

O mais importante é não deixar o orgulho e a vaidade impedirem a reconciliação. Dar uma nova chance ao amor é um belo gesto. Quanto maiores as dificuldades vencidas pelo casal, mais fortalecido ficará o casamento. Isso não quer dizer que você deva aceitar passivamente sucessivas traições. Quando a outra pessoa não souber aproveitar seu gesto de nobreza e continuar errando, paciência, procure outro amor. Não tem sentido continuar incessantemente dando novas oportunidades a quem não as merece.

LEMBRE-SE

✓ Mais da metade das pessoas casadas já cometeu adultério pelo menos uma vez na vida.

✓ A confiança mútua fortalece o vínculo afetivo e contribui de modo muito mais eficaz para evitar a traição do que a repressão e o controle.

✓ Explodir de raiva é uma reação típica de quem está com medo de pensar.

✓ A traição não está necessariamente relacionada à falta de amor.

✓ Muito mais do que um compromisso com o outro, a fidelidade é uma posição pessoal de respeito à relação amorosa.

✓ Se ainda existir amor, todos os esforços se justificam para salvar o casamento.

TIRE SUAS DÚVIDAS

— Depois de seis anos de relação, acabei traindo meu namorado com um colega dele. Ele descobriu, terminou o namoro, mas logo me perdoou e resolvemos voltar. De um mês para cá, venho traindo ele novamente, com outro cara. Será que ainda vale a pena ficarmos juntos?

Só vale a pena tentar salvar uma relação se ainda houver amor. Você tem que fazer uma reflexão profunda e ver se realmente quer ficar com o seu atual namorado. Se a resposta for sim, então terá que abrir mão de suas aventuras amorosas, se for não, seja sincera com ele e acabe o namoro de uma vez. O que não dá para fazer é deixar a situação como está, cada dia que você o engana fica mais difícil resolver o problema. Tenha uma conversa franca com ele e resolva esse impasse de uma vez por todas.

— Sou casada há 15 anos e descobri que meu marido está me traindo com uma menina de vinte anos. Não consigo entendê-lo, temos um casamento tão feliz! O que posso fazer para reconquistá-lo?

Depois de um tempo, é natural que o casamento esfrie e os parceiros acabem perdendo o interesse sexual um pelo outro. Nessas circunstâncias, a tentação de iniciar um caso extraconjugal é grande. Só há uma maneira de preservar o casamento: recuperar a paixão que havia no início do namoro. Criem situações românticas, façam viagens sozinhos, esqueçam a rotina e inventem todo dia coisas novas. Se o seu marido estiver empenhado em preservar o casamento, vocês superarão facilmente esse problema e provavelmente construirão uma relação ainda mais forte e prazerosa.

– Fui casado muitos anos e me separei quando descobri que era traído. Agora que me casei novamente, não gosto de deixar minha esposa sair sozinha, fico inseguro. Existe um jeito de impedir que ela me traia?

A primeira coisa que você precisa entender é que no amor cada caso é um caso. Não há motivos para desconfiar da sua nova esposa só porque sua ex-mulher o traía. Em segundo lugar, não é impedindo que ela saia com as amigas que você garantirá a fidelidade dela. Lembre-se de que quanto mais alto o muro maior a curiosidade em saber o que está do outro lado. A melhor maneira de evitar a traição é manter a chama da paixão sempre viva no casamento, não deixando a rotina tornar a relação monótona e previsível.

– Descobri que minha esposa tem um amante virtual. Eles nunca se viram, mas trocam mensagens amorosas, algumas delas com conteúdo sexual explícito. Eu sei que é ridículo ficar com ciúmes por causa disso, mas essa situação está me incomodando. O que eu faço?

Hoje, a Internet surge como um novo campo de conquistas amorosas. Muita gente reclama que o parceiro vive trocando e-mails românticos e fotos com pessoas do mundo todo. Por mais que ter um amante virtual possa ser considerado menos grave que ter um de carne e osso, essa situação deve ser encarada com seriedade, pois, afinal de contas, também é uma forma de traição. Este tipo de comportamento pode ser um sinal de insatisfação no casamento. Às vezes, a pessoa que procura um amante na Internet tem apenas necessidade de conversar, falar sobre coisas novas e ampliar seus horizontes. Para evitar que o casamento se desgaste por causa disso, converse sobre a relação, expondo de maneira franca as frustrações recíprocas. O mais importante é fazer do casamento um espaço de cumplicidade e de auxílio mútuo, sempre aberto para a troca de idéias.

CAPÍTULO 7

Separação

CORAGEM PARA TERMINAR

Certa vez, ouvi de uma mulher que ela queria pedir o divórcio mas não conseguia. Quando ela disse ao marido que estava apaixonada por outro homem, o viu desabar emocionalmente e se deu conta de que ele não sobreviveria sozinho. Ela se sentia responsável pelo casamento e tinha medo de que o marido perdesse a cabeça caso fosse abandonado. Meu conselho foi simples e direto: "se ele não pode viver sem você, ele não a merece."

Situações como essa são muito comuns e precisam ser enfrentadas sem covardias. Quando uma pessoa não consegue viver sem a outra, tentará manter o casamento custe o que custar. Nesse contexto, o divórcio se torna uma constante ameaça. A pessoa, subconscientemente, se sente vulnerável e começa a desenvolver um medo permanente, o que faz a relação ficar ainda pior. A dependência emocional acaba, então, gerando um círculo vicioso: quanto pior a relação maior o temor de que ela acabe; quanto maior o temor, pior a relação.

É claro que terminar um casamento é uma experiência dolorosa. Mesmo sendo um acontecimento corriqueiro – com certeza no momento em que você está lendo este livro incontáveis casamentos em todo o mundo estão acabando – é inevitável sentir um vazio no fundo do coração quando o relacionamento chega ao fim. Apesar disso, é necessário enfrentar o divórcio com coragem e sabedoria, procurando manter uma boa relação com o ex-marido ou a ex-mulher.

Um casamento dá certo quando os cônjuges são independentes um do outro. Isto significa que eles permanecem juntos porque a relação é prazerosa e engrandecedora para ambos, e não por fraqueza ou carência. Os fundamentos do casamento devem ser a independência, o respeito, a consideração, a admiração e o carinho. Se não for assim, é melhor se separar.

Hoje em dia, apesar das cobranças religiosas, não se pode mais exigir que o casamento dure a vida toda. A nossa sociedade mudou e, com esta transformação, o compromisso de duração eterna desapareceu. Na verdade, é até melhor que um casamento fracassado acabe. A felicidade passou a ser o valor mais alto no mundo contemporâneo. Se você se sente preso a uma relação que não vale mais a pena, vença o medo, tome as rédeas da sua vida e seja feliz!

DE QUEM É A CULPA?

Muitas vezes, depois da separação, os parceiros sentem raiva e rancor. É grande a tentação de destruir a imagem do outro, atribuindo a ele toda a responsabilidade por anos de brigas e desentendimentos. Mas, se você pensar bem, verá que é praticamente impossível apontar um único culpado pelo fim do casamento; provavelmente ambos têm sua parcela de culpa. Admitir o fim da relação geralmente é difícil e doloroso. Por conta disso, vários casais prolongam demais a convivência, até torná-la insuportável. Depois de um tempo, onde antes havia amor, restam apenas mágoas e frustrações — sentimentos estes que dificultam uma separação amigável e tranqüila. Por isso, não desperdice energias tentando salvar um casamento falido. Vale mais a pena terminar logo a relação para se poupar do sofrimento e preservar a amizade e o carinho pelo outro.

Quando alguém responsabiliza o ex-marido ou a ex-mulher pelo divórcio, está na verdade tentando desesperadamente se livrar do próprio sentimento de culpa, sem perceber que nestas circunstâncias a idéia de culpa é totalmente inadequada. É inútil perder tempo alimentando sentimentos negativos. Mais importante do que saber de quem é a culpa — tão difícil de ser localizada com precisão — é encontrar a solução para a situação. Se você acha que seu parceiro não foi correto durante a separação, aproveite essa oportunidade para se tornar uma pessoa melhor, exercitando a virtude do perdão. Desculpe sinceramente os erros cometidos contra você, e reconheça os seus próprios erros. Só assim seu coração estará pronto para começar a amar novamente.

Lembre-se de que o fim de uma relação não representa um fracasso, e abandone a ilusão de que o amor só vale se for eterno. Muitas relações duram pouco e nem por isto deixam de ser maravilhosas. Em vez de chorar sobre o leite derramado, encare a separação como uma nova oportunidade de buscar a felicidade.

QUANTO TEMPO DEVE DURAR O CASAMENTO?

Essa pergunta é bastante comum, mas infelizmente não existe uma resposta padrão para ela. Uma coisa é certa: o casamento deve continuar enquanto existir amor. Não há, contudo, como dizer de antemão qual será a duração do amor, pode ser dois ou três anos, pode ser vinte ou trinta, só depende do casal.

Certa vez, uma mulher de 40 anos me disse que não tinha sorte no amor, pois casara duas vezes e agora estava sozinha. Quando perguntei quanto tempo tinham durado esses relacionamentos, ela respondeu sete e 12 anos. Ou seja, na verdade, ela teve muita sorte no amor, já que passara pouco tempo sozinha. Expliquei a ela que um casamento que durou 12 anos, ou mesmo sete, só pode ter sido bem-sucedido. Muita gente não consegue nem sequer casar, outros tantos se separam em pouquíssimo tempo. Além disso, uma pessoa que já viveu dois relacionamentos longos e se separou amigavelmente duas vezes, tem grande probabilidade de encontrar outro amor e construir mais um casamento feliz. Para conseguir isto, no entanto, é fundamental que ela mude seu ponto de vista equivocado e admita que tem sim sorte no amor.

Esse caso mostra que o divórcio não deve ser encarado de modo algum como um sinal de fracasso e incapacidade amorosa. Ao contrário, pessoas maduras, que sabem amar de verdade, não hesitarão em se separar caso a relação não esteja mais dando certo. Lembre-se sempre de que o casamento é uma associação com um objetivo claro: viver plenamente o amor. Sendo assim, só há sentido em mantê-lo enquanto esse objetivo ainda for perseguido. Caso contrário, quando no lugar do amor predominam brigas e desentendimentos, é melhor se separar e seguir adiante.

TOMANDO CONSCIÊNCIA DO FIM

Muitas mulheres vão lentamente tomando consciência de que o casamento está se deteriorando. Passados alguns anos, elas percebem que não sentem mais atração pelo marido e que ele também parece indiferente, embora continue dizendo sempre que está tudo bem. Depois de um tempo, ele começa a chegar mais tarde em casa, demonstra pouca paciência para lidar com as dificuldades domésticas e dá sinais mais do que evidentes da falta de entusiasmo com a relação. É nesse momento que aparecem outros homens, e, em algumas situações, a traição acaba ocorrendo.

Essa triste situação acontece quando não há um canal de comunicação entre o casal. Cada um vê a relação naufragar mas não tem coragem de conversar abertamente com o outro. Muitas vezes uma conversa sincera pode resolver os problemas, evitando a separação aparentemente inevitável. Se, apesar de todas as tentativas, não for encontrada uma maneira de salvar o casamento, o casal deve colocar a cabeça no lugar e se preparar para o divórcio, tentando preservar o que houve de melhor na relação e poupando os filhos de brigas e de discussões inúteis e desgastantes.

A verdade é que a maioria das pessoas não está preparada emocionalmente para enfrentar um divórcio. Quando alguém se casa – pelo menos pela primeira vez – existe uma expectativa de que o casamento dure para sempre. Nos casamentos religiosos, os noivos assumem esse compromisso durante a cerimônia. Quando você começa a perceber a deterioração do seu casamento, é obrigado a encarar a dura realidade de que o amor não é eterno. Isso pode ser bastante doloroso, especialmente se você for uma pessoa romântica ou tiver recebido uma educação tradicional. O fundamental é não ter medo da separação, muitos outros amores poderão surgir na sua vida.

A HORA CERTA DE SEPARAR

Existem, sem dúvida, casamentos que duram a vida toda. Quem não conhece pelo menos um casal que completou bodas de ouro, cercado de filhos, netos e bisnetos? O mais comum, no entanto, é o relacionamento se desgastar com os pequenos atritos cotidianos e o amor minguar até se extinguir completamente. Aos poucos, o casal vai se afastando imperceptivelmente e, de repente, marido e mulher descobrem que são verdadeiros estranhos um para o outro.

Quando o casal insiste em permanecer junto mesmo depois da relação estar deteriorada, outro sentimento ocupa o lugar do amor: o ódio. As características mais fascinantes da pessoa que havia sido escolhida começam a irritar você cada vez mais, ao ponto de passar a considerá-las desprezíveis. Os menores deslizes do parceiro – como deixar uma coisa fora do lugar – podem provocar brigas assustadoras.

Sendo assim, o ideal é pedir o divórcio antes que a relação se torne destrutiva para ambos. Para que viver em conflito? É melhor separar-se do que se destruir mutuamente a troco de nada. Não há por que manchar anos de felicidade e companheirismo com brigas desnecessárias. Se o casal tem filhos, deve fazer tudo em prol de uma separação rápida e amigável, pois nada traumatiza mais uma criança do que ver os pais discutindo asperamente e se acusando mutuamente. Felizmente, há muito tempo o divórcio não é mais condenado na sociedade brasileira, então poupe seus filhos e você mesmo de situações desgastantes e não tenha medo de começar uma nova vida.

Muita gente acredita que não é possível virar amigo da ex-mulher ou do ex-marido. Isso não só é possível como deveria ser absolutamente natural. Quando você não consegue ser amigo do seu "ex", é porque demorou demais para se separar.

Separação

SEPARAÇÃO E FILHOS

O processo de separação se torna especialmente complicado quando o casal tem filhos. É fundamental que os pais superem as desavenças e priorizem acima de tudo o bem-estar das crianças. Não quero dizer que um relacionamento deteriorado deva ser mantido por causa dos filhos. Ao contrário, é até melhor para eles ter pais divorciados do que pais que discutem vinte e quatro horas por dia. O mais importante é não brigar na frente deles, o que pode causar sérias conseqüências psicológicas no futuro.

Na nossa sociedade, o mais comum é que a mãe fique com a guarda das crianças, principalmente se ainda são pequenas. Mesmo que o pai não conviva diariamente com elas, nunca deixará de ser pai. O casamento pode não ser para sempre, mas a paternidade e a maternidade são. Não existem ex-pais ou ex-mães, apenas pais ou mães. Por isso, é de suma importância que a mãe estimule o contato entre os filhos e o pai, e não tente arrumar um substituto do pai para os filhos.

É necessário dar a volta por cima e deixar o passado para trás, pois só assim a mãe poderá proporcionar aos filhos uma boa relação com o pai deles. Ela deve se lembrar de que qualquer tentativa de vingança, afastando as crianças do ex-marido, prejudica muito mais seus filhos do que qualquer outra pessoa. A não ser que o pai tenha problemas mentais sérios ou seja violento com as crianças, ela não tem o direito de privá-las do contato com ele. Por outro lado, o homem não pode deixar que mágoas com a ex-mulher o levem a se afastar dos filhos. A presença do pai é muito importante para eles e o convívio com os filhos é um excepcional alimento para a alma do pai.

Liberte o coração da raiva e do rancor, o que passou passou, agora é hora de olhar para frente. Por que ficar falando mal do ex-marido ou da ex-mulher para as crianças? Isso só as prejudica, fazendo com que percam a confiança nos seus responsáveis. O ideal é que você consiga estabelecer uma relação de cordialidade com o antigo cônjuge, se encontrando eventualmente para passear com os filhos e discutir a educação dos mesmos. Depois da separação, os pais precisam fazer um pacto para proteger esta dádiva divina que são os filhos.

Embora muitas mães se neguem a abrir mão da guarda das crianças, tenho observado que pode ser bastante proveitoso para elas irem morar por um tempo com o pai. A melhor época para isso é a adolescência, quando os conflitos com a mãe se acirram e uma presença masculina ensina os jovens a lidar com figuras de autoridade. Depois de uma determinada idade, é bom deixar os próprios filhos escolherem de forma livre com quem preferem morar. Seja na casa do pai ou na casa da mãe, o fundamental é que as crianças vivam num ambiente amoroso e acolhedor.

CONCRETIZANDO A SEPARAÇÃO

Depois que o casal decide se separar, é preciso conversar seriamente e encontrar um modo satisfatório de organizar a situação econômica de ambos. É imprescindível que a mulher tenha uma fonte de renda capaz de cobrir seus gastos fundamentais, proporcionando-lhe liberdade. Em geral, a soma da pensão que o ex-marido paga aos filhos com o salário proveniente do próprio trabalho costuma ser suficiente.

Assim como casar, separar também custa dinheiro. É necessário alugar uma nova residência, comprar eletrodomésticos e utensílios, isso só para citar os gastos imediatos. Apesar desta dificuldade, se o casamento não estava indo bem, a separação deve ser feita, pois representa uma renovada tentativa de buscar a felicidade.

Ninguém nega que a separação é um momento doloroso. Não importa se a relação foi longa ou curta, o adeus é sempre triste e tem um amargo gosto de fracasso. Com certeza, tratar de aspectos práticos do divórcio – como dinheiro e guarda dos filhos – é algo extremamente difícil, por isso tantos casais acabam indo resolver suas disputas na Justiça. Porém, tente sempre conservar a amizade e o carinho pela sua ex-mulher ou seu ex-marido, afinal, vocês compartilharam muitos sonhos, alegrias e momentos de felicidade.

É fundamental concretizar a separação com firmeza e serenidade. Todas as questões pendentes devem ser resolvidas no menor prazo possível. Você vai começar uma nova vida, não vale a pena sobrecarregá-la logo de início com problemas que restaram do antigo relacionamento. Só assim será possível abandonar a raiva, a amargura e a tristeza, levando na memória principalmente os bons momentos. É melhor deixar a bagagem pesada das lembranças ruins e dos sentimentos negativos e manter apenas a recordação leve das ocasiões amorosas e felizes.

LEMBRE-SE

✓ Se você se sente preso a uma relação que não vale mais a pena, vença o medo, tome as rédeas da sua vida e seja feliz!

✓ Quando alguém responsabiliza o ex-marido ou a ex-mulher pelo divórcio, está na verdade tentando desesperadamente se livrar do próprio sentimento de culpa.

✓ Pessoas maduras, que sabem amar de verdade, não hesitarão em se separar caso a relação não esteja mais dando certo.

✓ Quando você começa a perceber a deterioração do seu casamento, é obrigado a encarar a dura realidade de que o amor nem sempre é eterno.

✓ O casamento pode não ser para sempre, mas a paternidade e a maternidade são. Não existem ex-pais ou ex-mães.

✓ Quando você não consegue ser amigo do seu "ex", é porque demorou demais para se separar.

TIRE SUAS DÚVIDAS

— Tenho 28 anos e sou casada há 8. Ultimamente ando muito entediada com meu relacionamento, quero experimentar coisas novas, acho que não estou mais apaixonada pelo meu marido. O problema é que ele diz sempre que não consegue viver sem mim. Não quero machucá-lo, eu tenho muito carinho por ele. Como resolver essa situação?

É natural que se sinta entediada, afinal você casou muito cedo e não teve tempo de aproveitar sua juventude como deveria. A preocupação com seu marido é compreensível, mas você não pode abrir mão da própria felicidade só para não magoá-lo. Na verdade, ao se separar, você estará fazendo-lhe um bem, pois permitirá que ele encontre uma pessoa que queira realmente ficar ao seu lado. Muito pior seria se você ficasse com ele a contragosto, o que mais cedo ou mais tarde acabaria provocando uma separação dolorosa e traumática. Tenha uma conversa sincera com seu marido e explique a situação. Se ele amá-la de verdade, vai querer, acima de tudo, que você seja feliz.

— Meu marido anda muito estressado, tudo é motivo para briga, ele nunca está feliz. Eu faço o que posso para preservar o casamento, mas ele parece determinado a transformar nossa vida num inferno. O que eu tenho que fazer para melhorar nossa relação?

Essa é uma pergunta bastante interessante, e dá margem para que eu coloque duas questões fundamentais. Primeiro, você não pode de modo algum atribuir toda a culpa pelos problemas no casamento ao seu marido. Isso é fugir da própria responsabilidade e não reconhecer os próprios erros. Somente quando você encarar os problemas, sem ficar procurando culpados, conseguirá superá-los. Segundo, se a vida de vocês está um inferno, é possível que tenha chegado a hora de se separar. Para que continuar casada assim? Faça uma reflexão profunda e tente descobrir os motivos que levam você a querer preservar um casamento desgastado. Acima de tudo, não tenha medo da separação, lembre-se de que o mais importante é buscar sempre a felicidade.

— Sou casado há 12 anos e tenho um filho de cinco. Recentemente, conheci uma moça e nos apaixonamos. Será que eu devo investir nesta paixão ou ficar com meu casamento?

Você está numa situação difícil, e terá que tomar uma decisão dolorosa: renunciar a uma paixão emocionante ou abrir mão de um longo casamento. Infelizmente, não é possível afirmar categoricamente o que você deve fazer. Se largar sua mulher e ficar com a amante, pode acabar descobrindo que a paixão que sente agora é apenas uma coisa passageira. Se continuar o casamento, pode ficar o resto da vida achando que deixou o amor da sua vida ir embora. Qualquer que seja a alternativa, em algumas ocasiões você se sentirá arrependido. Mas o arrependimento não quer dizer que a opção foi errada, apenas que naquele momento algum fato está lhe deixando inseguro ou em dúvida. Por isso, uma vez tomada a decisão, vá em frente sem hesitar. Posso lhe dizer que muitas vezes na vida não temos certeza dos rumos que devemos tomar, e quando as dificuldades surgem — elas sempre acabam aparecendo — somos assaltados pelo remorso. Nestes momentos, lembre-se de que se tivesse tomado a decisão oposta, incertezas também viriam. Como é inevitável conviver com elas, procure conviver bem, desenvolvendo sua capacidade de lidar com as dúvidas.

– Meu casamento de 20 anos está completamente desgastado, mal consigo conviver com meu marido, vivemos brigando por causa das coisas mais ridículas. Já conversamos sobre o assunto e estamos pensando em nos divorciar, mas ambos ficamos preocupados com nossas três filhas. Será que a separação fará muito mal para elas?

Evidentemente a separação é um choque, de uma hora para outra o núcleo familiar se desfaz e as crianças podem se sentir um tanto perdidas. Mas é sempre melhor para os filhos ter pais separados do que pais que não se entendem. Não existe nada mais traumatizante do que conviver todo dia num lar marcado por brigas e desentendimentos. Se você ficar com a guarda das meninas, é fundamental permitir que elas tenham contato regular com o pai, pois isso será muito importante para o crescimento delas. Não tenho dúvidas, apesar das dificuldades iniciais, a longo prazo será muito mais vantajoso para suas filhas ter pais separados mas felizes do que pais casados e tristes.

EPÍLOGO

Dez conselhos para mudar sua vida

UNINDO A TEORIA À PRÁTICA

Ao longo deste livro, mostrei que a melhor maneira de lidar com os sentimentos é tentar entendê-los racionalmente, harmonizando, assim, razão e emoção. Se você acompanhou meu raciocínio até aqui, aprendeu como superar as armadilhas do amor e está pronto para construir um relacionamento maduro, prazeroso e saudável. Isso, no entanto, não é tudo. Muitas vezes, você até sabe o que fazer em uma determinada situação, mas na hora H acaba fazendo exatamente o contrário por causa do nervosismo ou da insegurança. De nada adianta compreender as idéias que apresentei se não for capaz de aplicá-las no seu dia-a-dia, pois o objetivo deste livro é ajudá-lo a melhorar efetivamente sua vida amorosa. Sendo assim, é fundamental que você releia essas páginas até assimilar seu conteúdo, só então poderá enfrentar os problemas no momento em que se deparar com eles, sem hesitação. Para facilitar a assimilação das idéias que aqui apresentei, elaborei dez conselhos que sintetizam as reflexões propostas. Consulte este epílogo sempre que estiver em dúvida sobre que atitude tomar, ou quando se sentir perdido no intrincado labirinto do amor.

1. CULTIVE SUA AUTO-ESTIMA

Para amar os outros é fundamental que você se ame, pois não é possível dar o que não se tem. Uma pessoa com auto-estima elevada atrai o amor como um ímã atrai um pedaço de metal. Não se deixe desestimular por experiências amorosas fracassadas, lembre-se sempre de suas qualidades. Cuidar da aparência física pode ajudar bastante a melhorar sua auto-estima, assim como cultivar a inteligência mediante o hábito da leitura e do estudo.

2. ENTREGUE-SE À PAIXÃO SEM PERDER A RAZÃO

Não tenha medo de viver intensamente um caso de amor. Muitas vezes a paixão é tão arrebatadora que a pessoa fica assustada e acaba se privando de vivê-la em toda a sua força. Por outro lado, mantenha a cabeça sempre funcionando, e só deixe a paixão florescer se ela for correspondida. Nunca se atire sozinho a uma paixão, fique atento observando se existe reciprocidade.

3. ALIMENTE O AMOR

O amor é como uma planta, precisa receber cuidados diários para atingir sua plenitude e florescer. Lembre-se de que o amor se alimenta de amor, portanto procure amar e ser amado simultaneamente. Fique atento às necessidades da pessoa que ama e dê o melhor de si para fazê-la feliz. Seja sempre explícito ao falar do seu amor, nunca perca uma oportunidade de dizer o quanto está feliz com a relação. As pessoas costumam ser demasiado tímidas ao falar sobre o que sentem.

4. NÃO FIQUE TÃO TRISTE COM O FIM DE UM NAMORO

Os namoros são apenas experiências amorosas e não foram feitos para dar certo, ou seja, para terminarem em casamento. Portanto, não fique excessivamente ferido com o fim de um namoro, aceite-o como um aprendizado válido. Aproveite esse momento para rever suas atitudes e repensar o modo como você está lidando com o amor. Da próxima vez, você conseguirá construir uma relação mais madura e mais consciente.

5. CONTROLE SEU CIÚME

Já vi muitas relações maravilhosas acabarem de forma precoce por causa do ciúme doentio de um dos parceiros. Ciúme não é sinal de amor, mas de possessividade; não é qualidade, mas defeito. Manifestações de ciúme revelam falta de confiança no outro e, acima de tudo, falta de confiança em si mesmo. Aprenda a demonstrar zelo pelo parceiro sem invadir sua privacidade.

6. NÃO TENHA MEDO DE SOFRER

É terrível sofrer por amor, mas não há como viver sem correr esse risco. Muita gente hesita demais em se entregar a uma paixão pois teme o sofrimento que porventura virá se as coisas não derem certo. Enfrente seus medos e corra riscos, o amor vale a pena. Sua vida deve ser uma aventura ousada. Ou nada!

7. NÃO IDEALIZE O AMOR PERFEITO

Existem pessoas que passam a vida toda esperando um príncipe encantado e acabam ficando sozinhas e tristes. Encare a realidade: todo mundo tem defeitos, você jamais encontrará o par perfeito. Abra seu coração e olhe para as pessoas a sua volta. Talvez o amor esteja bem ao seu lado e você não consegue vê-lo porque fica olhando o tempo todo para cima.

8. SAIBA PERDOAR

Aceite os erros do parceiro e reconheça os seus. Sei que existem coisas muito difíceis de serem perdoadas, como as traições, por exemplo. Mas oferecer ao outro uma nova oportunidade é um verdadeiro gesto de amor. Saber perdoar é uma arte. Lembre-se de que o perdão faz muito mais bem a quem perdoa do que a quem é perdoado.

9. PROTEJA SEMPRE SEUS FILHOS

Por mais desgastante que seja o fim de um casamento, o casal tem de fazer um pacto para proteger as crianças. Isso não quer dizer que o casamento deva continuar a qualquer custo. Na verdade, se os pais não se entendem, é até melhor para os filhos que se separem. O mais importante é poupar as crianças das brigas e discussões, pois isso pode causar sérios traumas no futuro.

10. NÃO DESISTA NUNCA

Às vezes você se sente desanimado, incapaz de amar, como se seu coração estivesse morto. Ou então, você quer viver uma paixão mas não consegue encontrar a pessoa certa. Você pode ainda se sentir derrotado, quando um namoro ou um casamento chega ao fim. Seja qual for sua situação, não desanime! Lembre-se de que depois da tempestade sempre vem a bonança, não há mal que dure para sempre. O amor dá sentido à vida, não deixe que uma dificuldade passageira faça com que você desista de procurar a felicidade. Com calma e paciência você acabará encontrando o amor.

Este livro foi impresso na Editora JPA Ltda.,
Av. Brasil, 10.600 – Rio de Janeiro – RJ,
para a Editora Rocco Ltda.